Michael Beißwenger

Totalitäre Sprache
und
textuelle Konstruktion von Welt

am Beispiel ausgewählter Aufsätze von Joseph Goebbels über "die Juden"

Michael Beißwenger

TOTALITÄRE SPRACHE
UND
TEXTUELLE KONSTRUKTION VON WELT

am Beispiel ausgewählter Aufsätze von Joseph Goebbels über "die Juden"

ibidem-**Verlag**
Stuttgart

Die Deutsche Bibliothek - CIP-Einheitsaufnahme:

Ein Titeldatensatz für diese Publikation ist bei
Der Deutschen Bibliothek erhältlich

∞

Gedruckt auf alterungsbeständigem, säurefreien Papier
Printed on acid-free paper

ISBN: 3-89821-003-0

Printed in Germany

Danksagung

Die Erstfassung der vorliegenden Arbeit entstand Anfang 1998 in der Folge verschiedener Lehrveranstaltungen zur allgemeinen und zur germanistischen Sprachwissenschaft an der Universität Heidelberg. Namentlich hervorheben möchte ich in diesem Zusammenhang Herrn Privatdozent Dr. Fritz HERMANNS, dessen Seminar zu "Sprache(n) – Denken – Wirklichkeit(en)" mein Interesse für die textuelle Konstruktion von Welt weckte, sowie Herrn Professor Dr. Dr. h.c. Herbert Ernst WIEGAND, der meine Beschäftigung mit Sprache durch seine Seminare zur Lexikologie und Metapherntheorie auf eine fruchtbare Grundlage stellte und in diesem Zusammenhang die hier publizierte Untersuchung wohlwollend betreute.

Mein Dank gilt des weiteren Herrn Boris KÖRKEL, der mir nicht nur bei der Erarbeitung dieses Themas, sondern auch in vielerlei anderen Angelegenheiten stets mit Anregungen und als Diskussionspartner zur Seite stand.

Vorbemerkung

Eine Arbeit wie die hier vorgelegte, die den Zweck verfolgt, mit philologischer Akribie die Funktionsweisen einer Propaganda zu untersuchen, die für das 20. Jahrhundert in ihrer zynischen Brutalität der Worte und ihrer kalkulierten Unmenschlichkeit der Absichten unweigerlich das Prädikat "beispielhaft" verdient, muß begründen, weshalb sie in ihrer publizierten Form nicht nur eine Analyse ihres Gegenstandes präsentiert, sondern darüber hinaus auch im Rahmen eines umfangreichen Anhangs gerade diesen ihren Gegenstand in voller Ausführlichkeit und gewissermaßen "neu aufgelegt" zugänglich macht.

Nun mag es eine Sache sein, den Untersuchungsgegenstand unter den Maßgaben des im Titel niedergelegten Aspekts zu betrachten; hierbei könnte man sich darauf beschränken, die jeweils aus den untersuchten Texten zitierten Passagen im Rahmen des Argumentationsverlaufs, in welchen sie eingebettet sind, als plausibel und die Ausführungen in angemessener Weise illustrierend erscheinen zu lassen. Eine andere Sache ist es jedoch, die in den verschiedenen Teilabschnitten dieser Arbeit jeweils separat behandelten Phänomene nicht getrennt – und nur unter der Maßgabe einer schrittweisen akribischen Analyse – betrachtet zu wissen, als vielmehr in Hinblick auf eine Gesamtschau dessen, was die Goebbelssche Propaganda als Stoßrichtung im Sinn hatte, und insofern die einzelnen Versatzstücke dieser wohlauskalkulierten Agitationstechnik zwar Stück um Stück exemplarisch zu präparieren, dabei jedoch stets die 'Gesamtwirkung' dieser einzelnen Komponenten im Blick zu behalten.

Insofern erscheint es als legitim, der hier vorliegenden Druckfassung meiner Arbeit jenen umfangreichen Anhang an Textmaterial beizugeben, der – nach Lektüre der separierten Behandlung der darin zu diagnostizierenden Auffälligkeiten – dazu dienen soll, eben dasjenige im Zusammenhang zu erkennen, was eingangs hervorgehoben wurde – die zynische Brutalität der Worte und die kalkulierte Unmenschlichkeit der Absichten, die diesen Texten unterliegt.

M.B., im Januar 2000

Inhaltsverzeichnis

1. Einleitung

1.1. Nationalsozialistische Propaganda und Sprache

Das Phänomen des Nationalsozialismus und die Fakten, die dieses Phänomen für die Welt des zwanzigsten Jahrhunderts geschaffen hat, können in ihren Ursachen nur dann in adäquater Weise hinterfragt werden, wenn man ihr Zustandekommen nicht nur aus einer Reihe ereignis- und mentalitätsgeschichtlicher Determinanten zu begreifen versucht, sondern auch als das Ergebnis einer hochgradig effizienten Öffentlichkeitsarbeit von grausamer Perfektion. Ohne die Leistungsfähigkeit ihrer Propaganda wäre es den Nationalsozialisten vermutlich kaum möglich gewesen, ihr "Drittes Reich" zu errichten, geschweige denn, sich und ihrer Mitte der Zwanziger Jahre noch so gut wie unbekannten Partei überhaupt Gehör zu verschaffen.

Im zweiten Band von *"Mein Kampf"* betont Adolf Hitler 1928 die Bedeutung einer schlagkräftigen Propaganda für die Erringung der Macht und definiert die Aufgaben, die diese zu leisten hat:

> "Die erste Aufgabe der Propaganda ist die Gewinnung von Menschen für die spätere Organisation"[1]
>
> "Die Propaganda versucht eine Lehre dem ganzen Volke aufzuzwingen"[2]
>
> "Wenn die Propaganda ein ganzes Volk mit einer Idee erfüllt hat, kann die Organisation mit einer Handvoll Menschen die Konsequenzen ziehen."[3]

Welcher Mittel sich eine solche Propaganda bedienen darf, um wirkungsvoll zu sein, zeigt sich in Hitlers Ausführungen zur "Bedeutung der Rede" (und damit auch des Zeitungsartikels, der von den NS-Strategen als Fortsetzung der Rede in schriftlicher Form angesehen wurde[4]). Es sind dies eine "Primitivität [der] Sprache", eine "Ursprünglichkeit ihrer Ausdrucksformen" und die "Anwendung leicht verständlicher, einfacher Beispiele", denn "die Rede eines Staatsmannes zu seinem Volk habe ich

---

[1] Adolf Hitler: *Mein Kampf.* München: Zentralverlag der NSDAP [646-650]1942 (Bd.1: 1924/Bd.2: 1928), 654.

[2] Hitler: *Mein Kampf*, 652.

[3] Hitler: *Mein Kampf*, 653.

[4] Vgl. z.B. Joseph Goebbels: *Kampf um Berlin.* München: Zentralverlag der NSDAP, [14]1938, 200.

nicht zu messen nach dem Eindruck, den sie bei einem Universitätsprofessor hinterläßt, sondern an der Wirkung, die sie auf das Volk ausübt."[5]
Nach Hitler soll es der Propaganda also nicht darum gehen, zu überzeugen oder zu überreden, sondern vielmehr darum, "eine Lehre (...) aufzuzwingen", also eine vorgeformte Weltsicht feilzubieten und deren Übernahme als unbedingt notwendig darzustellen. Hierbei darf die Wahl ihrer Mittel soweit unbeschränkt sein, als es der Zweck nur irgend verlangt.

Herbert E. TUTAS betont ausdrücklich die Bedeutung der Sprache als bevorzugtes und geschickt eingesetztes Medium der NS-Propaganda, das in den Händen der Propagandisten und einzig dem Gebot der Zweckmäßigkeit unterworfen "zum Mittel der Menschenbeherrschung" wurde.[6] Ulrich NILL spricht von einem sprachlichen und rhetorischen "Spagat", mit dem es den Nationalsozialisten gelang, "Massenmord und Wohlanständigkeit zu verbinden", indem "semantische Zusammenhänge etabliert werden und eine 'Welt' entsteht, in der das Töten jüdischer Frauen und Kinder nicht im Gegensatz zu Anstand und Ehre steht, sondern diese womöglich noch erhöht."[7]

1.2. Zielsetzung und Vorgehensweise dieser Arbeit

Diese Arbeit beschäftigt sich mit der nationalsozialistischen Propaganda in ihrer schriftlichen Form auf der Grundlage ausgewählter Texte von Joseph Goebbels über "die Juden". Ziel ist es hierbei, eine Analyse der sprachlichen Mittel zu leisten, derer

---

[5] Hitler: *Mein Kampf*, 534; vgl. hierzu auch das enzyklopädische Stichwort *"Propaganda, nationalsozialistische"* in Israel Gutmans *Enzyklopädie des Holocaust*, das die NS-Propaganda als "reines Instrument" bezeichnet, das "sich auf wenige Punkte zu beschränken, diese schlagwortartig zu wiederholen, in den Methoden aber variantenreich zu sein [hatte]; sie [i.e. die Propaganda] sollte sich nicht an den Verstand, sondern an die Emotionen richten, sie durfte sich aller nur denkbaren Täuschungen, Verdrehungen oder falschen Behauptungen bedienen (...) [und] stand dabei stets in einem engen Zusammenhang mit offener oder latenter Gewaltandrohung." (Israel Gutman (Hrsg.): *Enzyklopädie des Holocaust.* Bd. II (hrsg. v. Eberhard Jäckel/Peter Longerich/Julius H. Schoeps), Berlin 1993 (Tel Aviv 1990), 1163).

[6] Herbert E. Tutas: *NS-Propaganda und deutsches Exil 1933-39.* Worms 1973 (Reihe Deutsches Exil 1933-45), 5.

[7] Ulrich Nill: *Sprache der Gegenaufklärung. Zu Funktion und Wirkung der Rhetorik des Nationalsozialismus.* In: Joachim Dyck/Walter Jens/Gert Ueding (Hrsg.): *Rhetorik. Ein internationales Jahrbuch. Bd. 16: Rhetorik im Nationalsozialismus.* Tübingen 1997, 6.

sich Goebbels in ihnen bedient, wobei zwei Punkte besonders herausgearbeitet werden sollen:

a) *Textuelle Konstruktion von Welt:*

- Mit welchen Mitteln versucht Goebbels, bestimmte Sichtweisen auf bestimmte Menschen, Sachverhalte, Gegebenheiten zu etablieren und somit die Sicht seiner Rezipienten auf die Welt beziehungsweise ihren Eindruck von der Wirklichkeit dieser Menschen, Sachverhalte, Gegebenheiten umzukonstruieren oder unter veränderten Vorzeichen neu zu konstituieren?
- Wie wirken diese Mittel?

b) *Totalitäre Sprache:*

- Mit welchen Mitteln versucht Goebbels, diese Sichtweisen seinen Rezipienten als 'zwingend' zu suggerieren beziehungsweise sie – nach Hitler – "dem Volke (...) aufzuzwingen"?
- Wie wirken diese Mittel?

Zu Zwecken der Übersichtlichkeit und zur Strukturierung des Untersuchungsvorhabens wurde bei der Analyse der Texte zwischen lexikalisch-semantischen, grammatikalischen, syntaktisch-stilistischen und rhetorischen Kriterien (Tropen und Figuren) unterschieden. Tatsächlich läßt sich eine solche Unterscheidung jedoch nicht exakt treffen, da sich vielfach auf ein- und dieselbe Auffälligkeit mehrere dieser Kriterien anwenden lassen. Dies habe ich versucht, durch Querverweise zwischen den einzelnen Abschnitten deutlich zu machen.

Neben den angeführten Kriterien auch auf die Argumentationsweise Joseph Goebbels' einzugehen war an vielen Punkten unumgänglich, soll jedoch nicht eigens in einem separaten Kapitel thematisiert werden, um den Umfang der Arbeit kompakt zu halten.

Historische Bezüge wurden weitgehend ausgeklammert und nur dort hergestellt, wo sie einem besseren Verständnis als zuträglich erschienen.

1.3. Auswahl und historischer Hintergrund der Texte

Die Auswahl der dieser Arbeit zugrundegelegten Texte wurde nicht unter dem Gesichtspunkt chronologischer Repräsentativität vorgenommen, sondern aus einem zeitlich eng begrenzten Bereich, insofern sie bis auf eine Ausnahme aus den späten Zwanziger Jahren stammen. Meiner Meinung nach treten Goebbels' Strategien und Vorgehensweisen in der Darstellung der Juden in diesem noch frühen Stadium seiner Propagandatätigkeit am schärfsten zutage, so daß sie an den Texten aus dieser Zeit gewissermaßen exemplarisch aufgezeigt werden können. Die Konzentration seiner Propaganda auf ein einziges Thema, nämlich das jüdische Feindbild, und die Aggressivität seiner diesbezüglichen Agitation finden sich nach 1933 und erst recht nach Beginn des Krieges bzw. in den Vierziger Jahren nur mehr vereinzelt und bei weitem nicht mehr in einer derartigen Häufung. Dies hat mehrere Ursachen, die ich zum Verständnis der Entstehungsbedingungen der ausgewählten Texte hier kurz referieren möchte.

Als neuer Gauleiter von Berlin sah sich Goebbels ab November 1926 vor die Aufgabe gestellt, seiner bis dato in der Hauptstadt so gut wie unbekannten Partei öffentliche Beachtung zu verschaffen und ihr somit eine potentielle Wählerschaft zu erschließen. Dies war insofern problematisch, als das Vorhandensein kleiner und kleinster radikaler Splittergruppen in Berlin enorm und die Viermillionenstadt aufgrund ihrer Größe schwer überschaubar war, als auch aufgrund der Tatsache, daß die Arbeiterschaft als eine Schlüsselwählergruppe traditionell im politischen Umfeld der Kommunisten und Radikalsozialisten (KPD und linker Flügel der USPD) angesiedelt war. Zudem wurden gemäßigte Ansätze nationalistisch-reaktionärer Gesinnung bereits durch die starke DNVP repräsentiert. Für Goebbels galt es also, sowohl Teile der KPD/USPD-Stammwählerschaft abzuwerben, als auch die reaktionären Kräfte an Radikalität zu überflügeln, um somit in einer Zeit der außenpolitischen Entspannung und relativen innenpolitischen Beruhigung ("Goldene Zwanziger") seiner Partei eine Basis zu gewinnen. Das beste Mittel zu diesem Zweck erkannte er in einer effektiven und aufsehenerregenden Propaganda, gepaart mit einem permanenten, öffentlichkeits- und medienwirksamen Aktionismus. Hinsichtlich zweiterem reformierte und erweiterte er die vorhandenen SA-Abteilungen, bezüglich ersterem konzipierte er einen griffigen und eindringlichen Agitationsstil von hohem Wiedererkennungswert, der sich auch im Medium des geschriebenen Wortes am Stil der Rede orientierte:

> "Der Leser sollte den Eindruck gewinnen, als sei der Schreiber des Leitaufsatzes eigentlich ein Redner, der neben ihm stünde und ihn mit einfachen und zwingenden Gedankengängen zu seiner Meinung bekehren wollte."[8]

Mit den "Leitaufsätzen", von denen hier die Rede ist, bezieht sich Goebbels auf seine Leitartikel in dem von ihm ab Juli 1927 herausgegebenen politischen Kampfblatt *"Der Angriff"*. Thematisch spiegeln sämtliche dieser Artikel das Programm des Blattes wieder: Es handelt sich bei ihnen um unverblümte und aggressive Attacken entweder gegen den politischen Gegner (das Weimarer "System") oder gegen die Juden, die somit nach und nach systematisch als absolutes Feindbild der deutschen Nation und zur Bedrohung für das Deutschtum 'an sich' aufgebaut werden.[9] Acht der neun von mir ausgewählten Texte sind einer Sammlung dieser Leitartikel entnommen und stammen aus den Jahren 1927-1929, in welchen Goebbels' Stil ein Höchstmaß an Aggressivität und brutalem Zynismus erreicht, was sicherlich unter anderem daran liegt, daß die NSDAP und ihre Unterorganisationen von Mai 1927 bis März 1928 in Berlin mit einem Verbot belegt waren und somit der weitere Zusammenhalt der Partei sowie die Fortführung des "Kampfes um Berlin"[10] nur mittels des *"Angriffs"* möglich war.[11]

Der Text "Die Juden sind schuld!" stammt aus dem Jahr 1941 und wurde ausgewählt, weil in ihm Goebbels' Stigmatisierungsstrategie gegenüber den Juden aus seiner Berliner Zeit noch einmal exemplarisch zutage tritt, diesmal jedoch in einem anderen

---

[8] Goebbels: *Kampf um Berlin*, 200; auch zitiert bei Ralf Georg Reuth: *Goebbels*. München/Zürich ^{2}1991 (1990), 127; vgl. auch Peter Stein: *Die NS Gaupresse 1925 1933. Forschungsbericht Quellenkritik – neue Bestandsaufnahme.* München/New York/London/Oxford/Paris 1987 (Dortmunder Beiträge zur Zeitungsforschung 42), 75-81.

[9] Einen weiteren Grund für die kaum verhohlene Aggressivität dieser Leitartikel könnte man darin gelegen sehen, daß Goebbels sich in Berlin nicht nur gegen politische Gegner durchsetzen mußte, sondern gleichzeitig auch noch in einer innerparteilichen Konkurrenz stand zum sogenannten "norddeutschen Kreis" um die Gebrüder Strasser (vgl. hierzu u.a. Joachim C. Fest: *Hitler*. Berlin/Frankfurt 1973 (Neudr. Berlin/Frankfurt 1995), 346f. und Reuth: *Goebbels*, 108-137), die vor Goebbels' Amtsantritt mit einem eigenen Presseorgan die Berliner NSDAP dominiert hatten und deren Einfluß der neue Gauleiter durch eine größere Radikalität seines eigenen Blattes den Wind aus den Segeln nehmen wollte.

[10] Von Goebbels im Nachhinein geprägte Bezeichnung für seine Tätigkeit als Gauleiter von Berlin; vgl. Goebbels: *Kampf um Berlin* (1938).

[11] Vgl. Reuth: *Goebbels*, 108-137, sowie Ernest K. Bramsted: *Goebbels und die nationalsozialistische Propaganda 1925-1945*. Frankfurt/M. 1971, 64-97.

Rahmen, nämlich zur Rechtfertigung konkreter Repressionsmaßnahmen gegen die Juden, der Einführung des gelben Judensterns.

2. Analyse ausgewählter Aufsätze von Joseph Goebbels über "die Juden"

2.1. Lexikalisch-semantische Auffälligkeiten

2.1.1. Sprachliche Auflösung von Widersprüchen und Konstruktion innerer Geschlossenheit durch Entgegensetzung: Die *deutsche Volksgemeinschaft* vs. der *jüdische Feind*

Eine grundlegende Strategie nationalsozialistischer Propaganda besteht darin, "gesellschaftliche Widersprüche im Sprachlichen und damit nur scheinbar aufzulösen"[12]. Zugleich wird versucht, die Scheinbarkeit dieser sprachlichen Dekonstruktion zu verschleiern durch die Konstruktion einer Bedrohung von außen, um somit den Blick von etwaigen oder faktischen inneren Widersprüchen auf einen imaginären Feind zu projizieren. Eine solche Kontrastierung zwischen dem Inneren und einem konstruierten Feind von außen zielt darauf ab, die Illusion einer inneren Geschlossenheit entstehen zu lassen mit dem Effekt, die Bevölkerung leichter für die eigenen Ziele instrumentalisieren zu können.[13]

Die lexikalisch-semantische Entgegensetzung konstruiert Goebbels entlang verschiedenster sinnrelationaler Dimensionen, um einen weitestmöglich antipodalen Kontrast von der Schärfe und Griffigkeit eines Schwarz-Weiß-Schemas entstehen zu lassen. Die lexikalischen Versatzstücke 'deutsch/Deutsche(r)', 'Volk/völkisch' und 'Gemeinschaft' referieren jeweils auf unterschiedliche Relationen zweidimensionaler Entgegensetzung[14]: 'deutsch/Deutsche(r)' entwirft eine Relation '(deutsch) – (undeutsch)', die durch 'Volk/völkisch' um eine ideologische Komponente erweitert wird zu '(rassisch/blutmäßig/lebensräumlich zusammengehörig) – (rassisch/blutmäßig/le-

---

[12] Tutas: *NS-Propaganda*, 3.

[13] Johannes Volmert nennt als eine wesentliche Intention der NS-Rhetoren die Erzeugung eines sozialpsychologischen Effekts, der bei der Adressatengruppe "ein möglichst weitreichendes Bewußtsein von Ingroup-Zugehörigkeit" evoziert, indem zugleich eine "Fremd- bzw. Feindgruppe (ihre Vertreter, ihre Auffassungen, ihre Aktionsformen, ihre Angelegenheiten) als für den Adressaten unannehmbare Alternative" charakterisiert wird. (Vgl. Johannes Volmert: *Politische Rhetorik des Nationalsozialismus*. In: Konrad Ehlich (Hrsg.): *Sprache im Faschismus*. Frankfurt/M. [3]1995 (1989), 140f.).

[14] Terminologie nach Lyons (1977) und Cruse (1986).

bensräumlich fremd)'[15], während *Gemeinschaft* auf eine allgemein-soziologische Variante der Relation '(dazugehörig) – (außenstehend)' referiert. Während die lexikalischen Elemente auf der einen Seite der entlang dieser Relationen jeweils konstruierten Dichotomien in Goebbels' Texten konstant bleiben, werden die entsprechenden Entgegensetzungen immer neu variiert, wodurch die jeweiligen Kontraste zunehmend an Schärfe und Bildhaftigkeit gewinnen. Folgende Entgegensetzungen lassen sich an den ausgewählten Texten belegen:

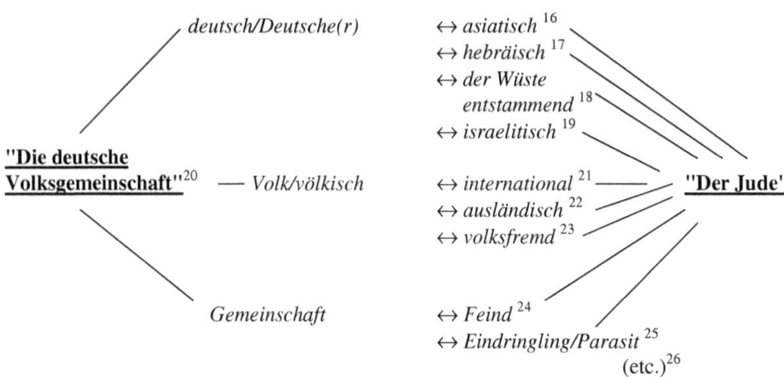

Durch die Variation der jeweiligen Entgegensetzungen wird auch das Denotat der zugrundeliegenden Leitbegriffe 'deutsch', 'völkisch' und 'gemeinschaftlich' ergänzt beziehungsweise manipuliert. Je mehr Entgegensetzungen einer dieser Begriffe erfährt, umso umfangreicher wird die Menge der für ihn zulässigen Negativbestim-

---

[15] Vgl. die Definition "völkisch" in: Karl-Heinz Brackmann/Renate Birkenhauer: *NS-Deutsch. "Selbstverständliche" Begriffe und Schlagwörter aus der Zeit des Nationalsozialismus.* Straelen 1988 (Glossar Nr. 4 des Europäischen Übersetzer-Kollegiums Straelen), 194.

[16] *Prozesse*, 325, *Menschen*, 337.

[17] *Knorke!*, 326 und 328, *Judengegner*, 330, *Menschen*, 336.

[18] *Prozesse*, 325, *Menschen*, 336.

[19] *Gedächtniskirche*, 339.

[20] *Die Juden sind schuld!*, 86.

[21] Vgl. Kap. 2.1.2.

[22] *Jude*, 323.

[23] Ebd.

[24] z.B. *Die Juden sind schuld!*, 91.

[25] z.B. *Die Juden sind schuld!*, 88.

[26] Vgl. zu dieser veranschaulichenden Darstellung Hitlers Satz "Den gewaltigsten Gegensatz zum Arier bildet der Jude." (*Mein Kampf*, 329).

mungen, so daß er schließlich als Schlagwort verwendet werden kann.[27] Nach obiger Darstellung läßt sich beispielsweise der Begriff 'deutsch' definieren als 'nicht-asiatisch, nicht-hebräisch, Wüstenvölker-ausschließend' und 'nicht-israelitisch'. Hierdurch erfährt sein Denotat eine ideologische Spezifizierung der Art 'deutsch ist nur das, was alles Asiatische, Hebräische,..., Jüdische ausschließt'. Der Ausdruck 'deutsch' wird somit vom wertneutralen Eigenschaftsadjektiv zum Träger eines politisch-ideologischen Programmbegriffs (zu einem positiven Schlagwort) umfunktioniert, während 'jüdisch' aufgrund seiner konsequent negativen Verwendung als ein Stigmawort etabliert wird, das dadurch, daß es all das assoziieren läßt, was dem 'Deutschen' als bedrohlich gegenübergestellt ist, den vieldimensional positiven Status von 'deutsch' gewährleisten soll.[28] Darüber hinaus zeigt sich an 'deutsch' exemplarisch, wie der nationalsozialistische Sozialdarwinismus auch in die Strukturen der Sprache Eingang fand: Während die sozialdarwinistische Rassentheorie von der Notwendigkeit des Kampfes der arischen Rassen gegen die Juden ausgeht, da sich der Wert der Arier allein aus der Opposition zur "Gegenrasse" definiere[29], definiert sich auch im Sprachgebrauch der NS-Rhetoren (hier: Goebbels') der semantische 'Wert' des Begriffes 'deutsch' in der Entgegensetzung neu, anhand von in sinnrelationaler Opposition gewonnenen Negativbestimmungen. Das polarisierende Denken in rassischen Wertkategorien findet auf sprachlicher Ebene seine Entsprechung in einer

[27] Die Wirksamkeit des Schlagworts definiert sich dann zwar aus einer Ansammlung griffiger und bildhafter Assoziationen, sein eigentlicher Sinn jedoch bleibt unbestimmt-verworren. Vgl. Friedrich Krupp: *Führung und Verführung durch Sprache.Kritische Reflexionen zur Magie der Wörter.* Köln 1992, 139: Schlagwörter "stehen in der Regel für ein ganzes Programm, für eine Ideologie, für eine Idee oder einen geistigen Standpunkt, deren Gültigkeit und Wahrheitsgehalt nicht ohne weiteres nachweisbar ist. Dieser Unbestimmtheit verdanken sie einen großen Teil ihrer Wirkung." Zur weltkonstitutiven Funktion von Schlagwörtern siehe Fritz Hermanns: *Schlüssel-, Schlag- und Fahnenwörter. Zu Begrifflichkeit und Theorie der lexikalischen "politischen Semantik".* Mannheim 1994 (Arbeiten aus dem Sonderforschungsbereich 245 "Sprache und Situation", Heidelberg/Mannheim. Bericht Nr. 81), 13: "In schlagwortmäßiger Betrachtung ist [...] die Welt geteilt in zwei disjunkte Mengen und besteht aus 'guten' und 'bösen' Gegenständen, Sachverhalten und Personen. So ist jedes Schlagwort-Weltbild manichäisch." Tutas sieht im Gebrauch von Schlagwörtern ein Symptom für die affektive und irrationale Ausrichtung der NS-Propaganda (Vgl. Tutas: *NS-Propaganda*, 5).

[28] Zu 'positiven Schlagwörtern' und 'Stigmawörtern' vgl. Hermanns: *Schlüssel-, Schlag- und Fahnenwörter*, 15.

[29] Vgl. Uwe Dietrich Adam: *Judenpolitik im Dritten Reich.* Düsseldorf 1972 (Tübinger Schriften zur Sozial- und Zeitgeschichte 1), 23; vgl. auch *Jude*, 323: "Der Wert eines deutschen Menschen oder einer deutschen Bewegung steigt mit der Gegnerschaft des Juden."

radikalen Polarisierung von Begriffen qua Entgegensetzung der diese Begriffe repräsentierenden Ausdrücke.

2.1.2. Polarisierung durch Globalisierung: Das Adjektiv *international* und Komposita auf *Welt-...*

Alles, was mit den Juden zusammenhängt, wird durch Globalisierung in eine Dimension größtmöglicher Unausweichlichkeit und somit allgegenwärtiger Bedrohung transformiert: Das "Judentum" wird zum "*Welt*judentum"[30], die "Judenheit" zur "*Welt*judenheit"[31], der (jüdische) Feind zum "*Welt*feind"[32], wobei bei letzterem im Unklaren bleibt, ob 'Welt-...' das Bezugsobjekt (also im Sinne von "Feind der Welt") darstellt oder eine Ortsbestimmung (also im Sinne von "international-allgegenwärtiger Feind" beziehungsweise "Feind *auf* der ganzen Welt"). Dieses Kompositum läßt also – je nach Interpretation – zwei verschiedene Möglichkeiten periphrastischer Auflösung zu.

An dieser mitunter semantisch nicht eindeutigen Verwendung des Bestimmungswortes *Welt-...* in "Weltfeind" zeigt sich das Prinzip einer größtmöglichen Verdichtung inhaltsseitiger Merkmale in der Wort- und Ausdrucksbildung, das auch vor semantisch gewagten bis fraglichen Konstruktionen nicht zurückschreckt. Zwei weitere Ausprägungen dieses Prinzips sind:

a) der inflationäre Gebrauch des Adjektivs "international" im Ausdruck "internationale Welthochfinanz"[33]: Die nähere Charakterisierung des Substantivs durch "international" ist hier überflüssig, da "Welt-..." exakt dieselbe Funktion erfüllt; der somit verursachte Stilbruch durch Tautologie wird aber in Kauf genommen.

b) der Verlust der Dimension bei der Kompositionalbildung "Weltjude"[34]: Das Substantiv "Jude" ist ein Konkretum und läßt daher keine Globalisierung mit "Welt-..." zu, ohne zugleich zu "Juden*heit*" oder "Juden*tum*" abstrahiert zu werden.[35] Schließlich kann ein konkretes Einzelindividuum nicht global existent sein. Der kollektivi-

---

30 *Die Juden sind schuld!*, 85

31 *Deutsche*, 332.

32 *Weltfeind*, Titel, sowie 334 und 335.

33 *Weltfeind*, 333.

34 *Weltfeind*, 334.

35 Analog dazu auch die Bezeichnung Walter Rathenaus als "internationale[n] Jude[n]" (*Weltfeind*, 333).

stische Gebrauch des – eigentlich konkreten – Lexems "Jude" anstelle des abstrakten "Judenheit" ist jedoch ebenfalls ein Typikum des nationalsozialistischen beziehungsweise Goebbelsschen Sprachgebrauchs.[36]

In Rekurs auf Kap. 2.1.1. läßt sich zudem anmerken, daß durch den durchweg pejorativen Gebrauch der Lexeme 'international' und 'Welt-...', die globale Gegenwärtigkeit von Entitäten prädizieren, das Konnotat ihrer Gegenbegriffe 'national (= völkisch)' und 'Volk(s)-...' eine positive Aufwertung erfährt: Wenn das Internationale als bedrohlich und feindselig dargestellt wird, so kann nur sein Gegenteil, also das National-Völkische, Sicherheit verheißen. Goebbels scheut nicht davor zurück, diesbezüglich an manchen Stellen ganz konkret zu werden: Wenn "Paneuropa" und "Internationale" das "deutsche Volk" in der eigenen Hauptstadt als "fremd und überflüssig"[37] erscheinen ließen, dann sei das "nicht das wahre Berlin", und es gelte daher, "den Judas zu erkennen" und "die Stätte der Fäulnis" zu "zertrümmern"[38].

2.1.3. Konstruktion faktischer Notwendigkeit durch Historisierung: Die Adjektive *historisch* und *geschichtlich*

Mit Vorliebe verleiht Goebbels bestimmten seiner Aussagen explizite Historizität, so, als handele es sich dabei um ein Gütesiegel der besonderen Art: Zum erlesenen Kreis der "Kenner" zähle derjenige, der in den antisemitischen Äußerungen Fürst Pücklers eine "historische Remineszenz"[39] zu erkennen und diesen somit eine "helle historische Freude"[40] abzugewinnen vermöge. Daß die Nationalsozialisten ("wir") zweifellos zum Kreis der "Kenner" gehören, wird in diesem Zusammenhang einfach und unmißverständlich klargestellt. Expliziert wird dies jedoch lediglich im Text *"Knorke!"*. In den übrigen Texten scheint es der Autor nicht mehr für nötig zu erachten, auf die – gemäß dem Konnotat von "Kenner" – fachmännisch-fundierte Geschichtskompetenz seiner Bewegung hinzuweisen; daß das "Ringen" des deutschen

---

36 Zum kollektiven Singular vgl. auch Kap. 2.2.1.
37 *Gedächtniskirche*, 339.
38 *Gedächtniskirche*, 340.
39 *Knorke!*, 327.
40 *Knorke!*, 328.

Arbeiters "weltgeschichtlich"[41], die "Schuld des Weltjudentums" "historisch"[42] oder die "Auseinandersetzung" mit den Juden "geschichtlich"[43] sei, bedarf für ihn keiner Prämissen über die Sachkompetenz dessen, der diese 'Tatsachen' herausgefunden hat. Da sein Stil großenteils lehrbuchartig ist, erscheint es ihm als überflüssig, die Integrität seiner Lehrsätze noch einmal explizit betonen zu müssen.

Die historische Bedeutsamkeit des Kampfes gegen die Juden, die Goebbels immer wieder hervorhebt, verlangt geradezu nach einem kulminativen Superlativ. Konsequenterweise stellt er daher der deutschen Arbeiterschaft eine Mitwirkung an der "größte[n] Tat der Weltgeschichte"[44] in Aussicht, also einen erfolgreichen Abschluß historisch-prozessualer Notwendigkeit im Jetzt, in dessen Rahmen der Deutsche nicht nur die eigene Existenz verteidigen, sondern sich zudem zu historischer Größe emporschwingen könne.[45]

Von ihrer morphologischen Struktur her sind 'historisch' und '(welt-)geschichtlich' Adjektivableitungen desubstantivischen Typs (< 'Historie'; '(Welt-)Geschichte'). Im Zusammenspiel solcher Adjektive mit einem Substantiv signalisiert das Suffix '...-isch/...-lich', daß das Adjektiv dazu dient, bestimmte Modalitäten des Substantivs besonders herauszustellen oder es hinsichtlich eines bestimmten Aspekts zu spe-

---

41 *Weltfeind*, 335.

42 *Die Juden sind schuld!*, 85.

43 Ebd.

44 *Weltfeind*, 335.

45 Vgl. auch die mythisch verbrämten Ankündigungen einer "großen, vielleicht endgültigen Auseinandersetzung zwischen zwei weltfernen Seelen", zwischen dem "deutschen Genius" und dem "jüdischen Dämon" in den Schriften des NS-'Chef'ideologen Alfred Rosenberg. (Zitat aus: Alfred Rosenberg: *Der Mythus des 20. Jahrhunderts. Eine Wertung der seelisch-geistigen Gestaltenkämpfe unserer Zeit.* München [3]1932, 458; weitere, ähnlichgeartete Beispiele finden sich im selben Werk zuhauf). – Auf dieserlei Mystifizierung historischer Notwendigkeit unter völkisch-rassischem Vorzeichen läßt sich m. E. recht treffend Thomas Manns Kritik an der europäischen Mentalitätslage beziehen, die auf der Tagung des 'Comité permanent des lettres et des arts' des Völkerbundes im April 1935 verlesen wurde und später unter dem Titel *Achtung, Europa!* im Druck erschien. Zwar hütet sich Mann zu dieser Zeit aus publikationstaktischen Gründen noch davor, den deutschen Nationalsozialismus explizit beim Namen zu nennen, doch trifft seine Einschätzung der Krise des Geistigen genau das, was in den seitens der NS-Rhetoren propagierten Ideologemen der Zeit zum Ausdruck kam, nämlich eine "Popularisierung des Irrationalismus" und die Etablierung eines "Aberglaube[ns] mit 'Weltanschauung'", in dessen Sinngebungswelt in fadenscheiniger Art und Weise eine "Wiedergeburt tiefer Lebenskräfte und ehrwürdiger Volksseelenhaftigkeit mystifiziert" werde. (Thomas Mann: *Achtung, Europa!* In: Ders.: *Achtung, Europa! Essays 1933-1945.* Frankfurt/M. 1995, 147-160).

zifizieren (z.B.: 'gesellschaftliche Fragen' [Modifikation], 'mikroskopische Untersuchung' [Spezifikation]).
Die Art und Weise, in der Goebbels 'historisch' und '(welt-)geschichtlich' gebraucht, ist jedoch bisweilen fraglich. Bildet man aus den angeführten Beispielen Prädikatsausdrücke, so zeigt sich, daß deren Sinn mitunter nur schwerlich oder gar nicht erschließbar ist:

"historische Freude"	>	"sich historisch freuen" (I)
"weltgeschichtliche[s] Ringen"	>	"weltgeschichtlich ringen" (II)
"historische Schuld"	>	"historisch schuldfällig geworden sein" (III)
"geschichtliche Auseinandersetzung"	>	"sich geschichtlich auseinandersetzen" (IV)

(III) und (IV) kann man gelten lassen, insofern sich ihnen durch – wenn auch mühsame – Interpretation noch ein einigermaßen akzeptabler Sinn abgewinnen läßt (etwa der Art: "historisch schuldfällig geworden sein" = "eine Schuld mittragen, die durch die Vorfahren in der eigenen Geschichte begangen wurde"; "sich geschichtlich auseinandersetzen" = "x und y führen eine Auseinandersetzung, die sich bereits durch ihre gesamte bisherige Geschichte zieht"). Bezüglich (I) und (II) läßt sich ein Sinn jedoch so gut wie gar nicht erschließen, insofern unverständlich ist, wie es gehen soll, daß man sich *historisch* freut oder *weltgeschichtlich* miteinander ringt. Bestenfalls könnte man hier noch Lesarten induzieren der Art: "sich historisch freuen" = "sich an der Historie freuen"; "weltgeschichtlich ringen" = "mit der Weltgeschichte ringen". Diese Lesarten ergeben aber wiederum im Kontext der Goebbelsschen Ausführungen keinen Sinn.
Hieraus folgt, daß es Goebbels überhaupt nicht um Schlüssigkeit geht, sondern daß ihm die Attribute 'historisch' und 'geschichtlich' – wie bereits vermutet – lediglich dazu dienen, durch Verweis auf historische Pseudowahrheiten die eigene Integrität als Lehrmeister und Analytiker des jüdischen Schicksals zu untermauern beziehungsweise (vor allem im Text *"Die Juden sind schuld!"*) die Repressionsmaßnahmen der Nationalsozialisten gegen die Juden als unumgänglich zu rechtfertigen. Zudem verleihen die Adjektive 'historisch' beziehungsweise '(welt-)geschichtlich' allem, dem sie als qualifizierende Beiworte beigegeben werden, gewissermaßen epo-

chalen Charakter[46]: Das Denken, die Visionen und das politische Handeln der Nationalsozialisten erhalten einen Zug von Größe mit teleologischem Aspekt; sie vollziehen sich nicht allein in pragmatischen Dimensionen, sondern in Dimensionen von historischer Tragweite und Bedeutsamkeit.

Johannes VOLMERT zählt die Adjektive 'historisch' und '(welt-)geschichtlich' zu derjenigen Gruppe von Adjektiven, die in der nationalsozialistischen Rhetorik "wegen ihres expressiven Gehalts zu qualifizierenden bzw. intensivierenden Sekundärattributen umfunktioniert" werden (z.B. in Konstruktionen wie "*weltgeschichtlich* einmalige Erfolge").[47] VOLMERT macht jedoch keinerlei Angaben darüber, warum seiner Meinung nach die Adjektive 'historisch' und '(welt-)geschichtlich' einen expressiveren Gehalt besitzen als andere Adjektive. Liegt die zu beobachtende – bisweilen inflationäre – Verwendung dieser Adjektive nicht vielmehr begründet in dem universalen Anspruch des nationalsozialistischen Geschichtsdenkens, als nordisch-germanizistisch verklärte Elite mit *historischer* Kontinuität (vgl. den Ausdruck "Drittes Reich" mit seinen historischen Bezügen) dem glanzvollen Abschluß einer rassisch-diachronisch-'schicksalhaft' sich vollziehenden Entwicklung zum Durchbruch zu verhelfen?[48] – Meiner Ansicht nach läßt sich Goebbels' Verwendung dieser Adjektive nicht lediglich aus deren etwaigem "expressiven Gehalt" erklären; vielmehr verwendet Goebbels sie aus einem ganz bestimmten Grund und zu einem ganz bestimmten Zweck. Ginge es ihm einzig um Intensivierung, so wäre die Häufung der Adjektive 'historisch' und '(welt-)geschichtlich' nicht derart auffällig; vielmehr hätte er dann auch andere Adjektive mit "expressive[m] Gehalt" verwenden können. Tatsächlich jedoch finden sich in den ausgewählten Texten keine anderen Adjektive, die von Goebbels in gleicher oder ähnlicher Weise gebraucht würden. Dieser Ansicht ist auch Victor KLEMPERER, der 1946 in seinen memoirenartigen Betrachtungen zur *"Lingua Tertii Imperii"* (LTI) das Adjektiv 'historisch' als "das Wort" bezeichnet, "mit dem der Nationalsozialismus vom Anfang bis zum Ende übermäßige Verschwendung getrieben hat. Er nimmt sich so wichtig, er ist von der Dauer seiner In-

---

46 Vgl. Brackmann/Birkenhauer: *NS-Deutsch*, 97.
47 Volmert: *Politische Rhetorik*, 144.
48 Vgl. Rosenberg: *Mythus des 20. Jahrhunderts*.

stitutionen so überzeugt, oder will so sehr davon überzeugen, daß jede Bagatelle, die ihn angeht, daß alles, was er anrührt, historische Bedeutung hat."[49]

2.1.4. Die unmenschliche Verwendung der Adjektive *human* und *menschlich*

Im Text *"Knorke!"* dient Goebbels die Abgrenzung gegenüber antisemitischen Äußerungen des "'Dresch-Graf[en]'"[50] Pückler dazu, die eigene antisemitische Programmatik nicht nur zu verharmlosen, sondern dieser sogar Züge von Menschenfreundlichkeit zu unterstellen:

> "Und da will man uns als brutal und blutrünstig verschreien, die wir so sanft, so demütig, so human und gottesfürchtig sind?"[51]

Als "brutal" haben nach dem Wortlaut dieser Passage – in Absetzung zu den Nationalsozialisten – die *anderen* zu gelten, die Kulturlosen, diejenigen, die Methoden "aus dem Mittelalter" anwenden, "als die Menschen noch roh, gemein, brutal und inhuman waren."[52] Wie Belege aus anderen Texten zeigen, bedarf Goebbels jedoch nicht unbedingt einer solchen Abgrenzung, um immer wieder die Humanität antisemitischer Maßnahmen hervorzuheben. Gegenüber dem "Vernichtungswillen brutalster Gegner"[53], den Goebbels bereits 1927 diagnostiziert und später (zum Beispiel 1941) in einer angeblichen Kriegshetze seitens der Juden bestätigt findet ("Kriegstreiber", die "Mr. Roosevelt (...) in den Krieg hineinhetzen"[54]), bedauert er sogar die "menschliche Anständigkeit und Großzügigkeit"[55] der Deutschen, "den gutmütigen deutschen Michel in uns, der immer gerne bereit ist, für eine sentimentale Träne alles ihm angetane Unrecht zu vergessen"[56], und rechtfertigt die Einführung des gelben Judensterns in diesem Zusammenhang zynisch als eine "außeror-

[49] Victor Klemperer: *Die unbewältigte Sprache. Aus dem Notizbuch eines Philologen "LTI"*. Leipzig 1946 (Neudr. Darmstadt o.J.), 54.

[50] *Knorke!*, 326.

[51] *Knorke!*, 328.

[52] Ebd.

[53] *Prozesse*, 324.

[54] *Die Juden sind schuld!*, 89.

[55] Ebd.

[56] *Die Juden sind schuld!*, 87.

dentlich humane Vorschrift"[57] in Relation zum angeblichen unbedingten Vernichtungswillen der Juden. In anderem Zusammenhang gebraucht er das Adjektiv 'menschlich' als Qualifikation für ein aktives Vorgehen deutscher Arbeiter gegen die Juden:

> "Seid menschlich und duldet es nicht länger, daß eure Peiniger [= die Juden] mitten unter euch ihre Paläste aufbauen, während ihr in Löchern und Höhlen haust."[58]

Antijüdischer Aktionismus wird somit dargestellt als eine Art humanitärer Selbsthilfe der Deutschen; der Aufruf "Menschen, seid menschlich!"[59] wird gleichgesetzt mit "Michel, wach auf!"[60] und "Deutsche, seid deutsch!"[61]

Peter VON POLENZ bezeichnet den Gebrauch des Wortes 'human' in der Goebbelsschen Propaganda als "geradezu kriminelle Verwendung", denn die "brutalste, unmenschlichste Art von Sprechen ist die Lüge", insofern mit ihr ein objektiver Mißbrauch der Assertionsvoraussetzungen des Gemeinten betrieben und somit "mit bewußt falschen Meinungen mörderische Gewalt ausgeübt" wird.[62]

Pointiert zusammengefaßt hat der Antisemitismus nach der Goebbelsschen Sprachregelung als 'human' beziehungsweise 'menschlich' zu gelten, weil

a) er anscheinend weniger "barbarisch-mittelalterlich"[63] sei als der Antisemitismus eines Fürst Pückler,

b) in bezug auf eine 'jüdische Kriegstreiberei', die als Nonplusultra der Unmenschlichkeit zu gelten habe, jegliche Gegenmaßnahmen nur 'menschlich' sein könnten, und

c) die Deutschen, die sich aufgrund ihrer allzu großen "menschliche[n] Anständigkeit und Großzügigkeit"[64] allzu gerne ausnutzen und unterdrücken ließen, endlich auch einmal 'menschlich' gegenüber sich selbst sein sollten, indem sie sich ihrer angeblichen Peiniger erwehren.

---

57 *Die Juden sind schuld!*, 86.
58 *Menschen*, 337.
59 Ebd.
60 Ebd.
61 *Menschen*, 338.
62 Peter von Polenz: *Geschichte der deutschen Sprache.* Erw. Neubearb. d. früheren Darst. von Hans Sperber. Berlin/New York [9]1978 (1977), 168.
63 *Knorke!*, 328.
64 *Die Juden sind schuld!*, 89.

Die Goebbelssche Verwendung der Adjektive 'human' und 'menschlich' zielt also darauf ab, eine zynische und feindselige Sichtweise auf die Juden zu konstruieren und damit eine Zustimmung zu Repressionsmaßnahmen gegen die Juden zu evozieren.

2.1.5. Wortfeld *Handel – Geld – Reichtum.* Die Juden als die Ausverkäufer der deutschen Seele

Die Verwendung bestimmter Wortfelder zur Beschreibung und Darstellung der Juden dient Goebbels dazu, diese auf verschiedenste Weise in eine dem Deutschen entgegengesetzte Dimension zu rücken. So konstruiert er beispielsweise anhand des Wortfelds 'Handel – Geld – Reichtum' die Juden als Emanation des Kapitalismus schlechthin und stellt sie als solche dem redlich schaffenden deutschen Arbeiter als existentielle Bedrohung gegenüber:

> "Betrug und Korruption und eine kapitalistische Ausbeutung legen sich wie ein Alpdruck auf dieses Heldenvolk, und bald ist alles vertan, was die Väter einst erarbeiteten im Schweiß der Stirne. Tausende und Hunderttausende von ostjüdischen Schiebern schleichen wie eine Landplage über die Grenze (...) und nach zwei Jahren sind sie (...) avanciert zu Börsenmagnaten und sie besitzen nunmehr Haus und Hof derer, die sie von Haus und Hof vertrieben (...)."[65]

In der "internationale[n] Welthochfinanz"[66] und der "Weltbörse"[67], die beide synonym verwendet werden zum "internationalen Finanzjudentum"[68], gibt Goebbels vor, den "Judas" zu erkennen, "der unser Volk für dreißig Silberlinge verkauft und verhandelt"[69], den "jüdischen Geldmann"[70], der "zum Siegesmarsch des Goldes gegen das Blut"[71] antrete, um eine "imperialistische Diktatur des roten Goldes"[72] zu errichten. 'Gold' beziehungsweise 'Geld' werden hier in begrifflichen Kontrast gesetzt zum

---

[65] *Prozesse*, 324.
[66] *Weltfeind*, 333.
[67] *Weltfeind*, 334.
[68] *Die Juden sind schuld!*, 85.
[69] *Gedächtniskirche*, 340.
[70] *Deutsche*, 332.
[71] *Weltfeind*, 334.
[72] Ebd.

'Blut', die "Fürsten des Geldes" bedrohen das Blut und die Existenz der "deutsche[n] Arbeit"[73]. Diese Bedrohung – so Goebbels – sei ultimativ, insofern "das Geld" bereits "zum letzten Vernichtungsschlag" "rüstet"[74] und "zielsicher und unbeirrt auf seinem Eroberungsfeldzug gegen die deutsche Arbeit vorwärts" "marschiert"[75], woraufhin Goebbels die dringende Parole "Blut gegen Gold! Arbeit gegen Geld!"[76] ausgibt, die die zuvor konstruierte Antipodalität 'Geld/Gold' ↔ 'Blut/Arbeit' explizit und griffig machen soll. Deutschland vom "Wahn des Goldes" freizumachen, wird zur schicksalhaften Bestimmung des deutschen Arbeiters erklärt, der Erfolg dieser Aufgabe zur "größte[n] Tat der Weltgeschichte" stilisiert.[77]

Inwieweit Goebbels selbst als der glühende Antikapitalist angesehen werden kann, als der er sich in diesen Texten gebiert, ist sicherlich nicht eindeutig zu beantworten, da es zu groben Fehlinterpretationen verleiten kann, vom Inhalt persuasiver beziehungsweise propagandistischer Texte unmittelbar auf Person und Geisteshaltung ihres Autors rückschließen zu wollen. Gerade die Thematisierung des Kapitalismus als Bedrohung weist darauf hin, daß hier versucht wird, die deutsche Arbeiterschaft zu mobilisieren, zumal Goebbels zur Zeit der Abfassung der meisten der in diesem Abschnitt zitierten Texte Gauleiter in Berlin war, einer Stadt, in der die Arbeiter ursprünglich traditionell sozialdemokratisch bis radikalsozialistisch und somit antikapitalistisch wählten. Berücksichtigt man andererseits jedoch Goebbels' persönliche Biographie innerhalb der NSDAP, deren linkem, eher sozialistisch orientierten Strasser-Flügel er ursprünglich angehörte, sowie die Tatsache, daß er sich in seinen *"Erinnerungsblättern"* für das Jahr 1923 einmal selbst als "deutschen Kommunist[en]"[78] bezeichnete und Sympathien für den Sowjetkommunismus hegte, so darf man – wenn auch mit einiger Vorsicht – vermuten, daß mit der Thematisierung des Kapitalismus zugleich eine Grundüberzeugung des Autors zutage tritt.

---

[73] *Weltfeind*, 335.
[74] *Weltfeind*, 334.
[75] *Weltfeind*, 335.
[76] Ebd.
[77] Ebd.
[78] Joseph Goebbels: *Erinnerungsblätter*. In: *Die Tagebücher von Joseph Goebbels. Sämtliche Fragmente*. Hrsg. v. Elke Fröhlich i. Auftr. d. Instituts f. Zeitgesch. i. Verb. m. d. Bundesarchiv. Teil I: Aufzeichnungen 1924-1941. München/New York/London/Paris 1987, 27.

In der neueren historischen Forschung wird der Antikapitalismus als eine der Haupttriebfedern für Goebbels' Antisemitismus angesehen, insofern bereits für den jungen Goebbels das 'Geld' eine Bedrohung für die (deutsche) Gesellschaft darstellte, die er im Judentum personifiziert sah.[79] Komposita wie "Finanzjudentum" oder Periphrasen wie "[Juden =] Fürsten des Geldes"[80] lassen vermuten, daß sein Bestreben, die Juden mit dem Kapitalismus in Verbindung zu bringen, auch ein persönliches Anliegen gewesen sein muß.

2.1.6. Wortfeld *Tierischer Bereich*. Vertierung

Bereits der Gebrauch des kollektiven Singulars in bezug auf eine Gruppe menschlicher Individuen dient dazu, die in Rede stehende Gruppe nicht als eine Menge von Individuen, sondern als Gattung zu zeichnen.[81] Indem er zur Beschreibung der Juden lexikalische Einheiten aus dem Wortfeld 'Tierischer Bereich' heranzieht, führt Goebbels die Stilisierung der Juden zu einer Gattung oder Art im Sinne des Sprachgebrauchs der Biologie konsequent weiter: Die Juden werden aus dem menschlichen Bereich ausgegrenzt, als Gattung in die Nähe des Tierisch-Instinkthaften gerückt und einem kollektiv-gattungsimmanenten Verhaltensmuster unterworfen, das sich reduzieren läßt auf das Grundprinzip tierischen Daseinskampfes "Fressen oder gefressen werden".

Goebbels' Intention ist es hierbei, diese angebliche (jüdisch-)tierische Daseinsmaxime als existentielle Bedrohung für den (deutschen) Menschen darzustellen und diese Bedrohung als plausibel zu suggerieren. Geschickt bedient er dabei durch seine Begriffswahl die menschliche Urangst vor dem bedingungslos Instinkthaften, das keine moralischen Skrupel kennt.[82] Daher beschränkt er sich auch in der Auswahl der Lexeme aus besagtem Wortfeld auf solche Substantive, Adjektive, Verben, die ausschließlich mit negativen Konnotationen besetzt sind: Die Juden als "parasitäre Ras-

---

79 Vgl. Ulrich Höver: *Joseph Goebbels – ein nationaler Sozialist.* Bonn/Berlin 1992, 149ff.

80 Belege siehe oben.

81 Zum kollektiven Singular vgl. auch Kap. 2.2.1.

82 Vgl. Peter von Polenz, der in der "Darstellung politisch-gesellschaftlicher Verhältnisse und Vorgänge mit biologisch-pathologischer Metaphorik" ein Mittel zur Weckung "unreflektierte[r] Ängste" sieht (Polenz: *Geschichte der deutschen Sprache*, 169). Dies gilt auch für das im nächsten Kapitel behandelte Wortfeld *Krankheit – Medizin – Hygiene.*

se"[83] kennen nach seinem Dafürhalten nur ein einziges Gesetz: "Du sollst alle Völker fressen"[84]. Um diesem Gesetz gerecht werden zu können, sei ihnen jedes Mittel recht: 'Sie "schleichen wie eine Landplage"[85] heran, treiben dann "Mimikry"[86] und passen sich in "Schutzfarbe"[87] dem jeweiligen Milieu solange an, bis sie unbemerkt "unsere Moral angefault, unsere Sitte unterhöhlt"[88] haben. Sie "schmarotzen"[89] entweder als "Blutsauger"[90] im Verborgenen oder fallen plötzlich und unerwartet als "reißende Wölfe"[91] über den ahnungslosen Deutschen her; wo "er [der Jude] Unrat und Fäulnis wittert, da taucht er aus dem Verborgenen auf", um die Macht zu übernehmen und anschließend "in Gemächlichkeit seinen Raub verzehren zu können"[92] (Paraphrase).

Während Wörter aus dem Wortfeld 'Handel – Geld – Reichtum' Goebbels dazu dienen, die deutschen Arbeiter als Vertreter der redlich schaffenden Deutschen gegen die Juden als Sinnbild des Kapitalismus aufzubringen, versucht er durch die Gleichsetzung der Juden mit Tieren, seine Rezipienten auch auf einer vegetativ-emotionalen Ebene anzusprechen, indem er eine Bedrohung konstruiert, die existentielle Ängste wecken soll und auf rationaler Ebene nicht mehr faßbar ist. Ein Spiel mit solchen Urängsten zielt natürlich auf Abwehr, was auch hier wieder die Brutalität von Goebbels' Sprachgebrauch offenbart: Daß er seine Leser auf einer vegetativ-irrationalen Ebene anspricht, läßt erkennen, daß er darauf abzielt, daß auf eben derselben Ebene, nämlich gewissermaßen 'aus dem Bauch heraus', auch gegen den imaginären Feind zurückgeschlagen wird. Dem Kampf gegen die Juden wird somit die Qualität eines Daseinskampfes gegeben, der im Existentiellen gründet und keiner rationalen Herleitungen mehr bedarf.[93]

83 *Die Juden sind schuld!*, 88.
84 *Weltfeind*, 333.
85 *Prozesse*, 324.
86 *Die Juden sind schuld!*, 86.
87 Ebd.
88 *Judengegner*, 329.
89 *Judengegner*, 330.
90 *Gedächtniskirche*, 340.
91 *Die Juden sind schuld!*, 88.
92 *Judengegner*, 329.
93 Vgl. hierzu auch Kap. 2.4.1.2. (Metaphern).

2.1.7. Wortfeld *Krankheit – Medizin – Hygiene*

Anhand von Beschreibungsvokabular aus dem Wortfeld 'Krankheit – Medizin – Hygiene' stellt Goebbels schließlich ganz explizit klar, daß die Juden nicht nur als dem menschlichen Bereich entgrenzt anzusehen seien, sondern vielmehr dem Bereich des Menschlichen sogar als physische Bedrohung gegenüberstünden. Des weiteren trifft er konkrete Aussagen darüber, was konsequenterweise zur Bannung dieser Bedrohung zu tun sei: Da der Jude als "plastische[r] Dämon des Verfalls"[94] als "aussätzig unter uns"[95] anzusehen sei, insofern er sich "wie ein faulender Schimmel auf die Kulturen gesunder, aber instinktarmer Völker legt"[96], bedürfe es "völkischer, nationaler und sozialer Hygiene"[97], "sozusagen eine[r] hygienische[n] Prophylaxe"[98], die nur "ein wirksames Mittel" kenne: "einen Schnitt machen und abstoßen."[99] Da die Juden "gegen alle Injurien immunisiert"[100] seien, müßten sie "von der deutschen Volksgemeinschaft abgesondert werden".[101] Insofern sei die Bekämpfung der Juden "eine Sache der persönlichen Sauberkeit"[102], ihre Unterlassung grob fahrlässig, da passives Verhalten gegenüber Krankheit deren weitere Ausbreitung begünstige: "Wer nicht vom Juden verfolgt oder gar von ihm gelobt wird, der ist nutzlos und schädlich."[103]

Interessant erscheint auch das Neusemem '...-pest' in der Kompositionalbildung "Judenpest"[104], durch welches negative Konnotationen und Assoziationen zum Wortfeld 'Krankheit' an das eigentlich wertneutrale "Juden-..." herangetragen und auf dieses übertragen werden: Analog zur "Schwarzen Pest" und zur "Beulenpest" etabliert Goebbels eine "Juden*pest"* und rückt das Konnotat zu 'Juden-...' damit in die Nähe des Morbiden und Bedrohlichen.

---

94 *Judengegner*, 329.
95 Ebd.
96 *Die Juden sind schuld!*, 88; vgl. zudem "Fäulnis und Zersetzung" und "Stätte der Fäulnis" (*Gedächtniskirche*, 339 und 340).
97 *Die Juden sind schuld!*, 88; an anderer Stelle auch: "Sozialhygiene" (*Jude*, 324).
98 *Die Juden sind schuld!*, 86.
99 *Die Juden sind schuld!*, 88.
100 *Jude*, 322.
101 Ebd.
102 *Jude*, 323.
103 Ebd.
104 *Knorke!*, 326.

2.1.8. Verwendung religiös konnotierter Begriffe

Wenn auch die Stoßrichtung nationalsozialistischer Programmatik stets antichristliche und die nationalsozialistische Propaganda insgesamt unverhohlen antiklerikale Züge trägt, so ist in den Texten Goebbels' dennoch eine auffällige Bezugnahme auf Bilder und Begrifflichkeiten religiös-christlicher Herkunft festzustellen. Die Ursachen für diesen Zugriff sind einerseits sicherlich in der frühen kleinbürgerlich-katholizistischen Prägung zu suchen, die Goebbels durch sein Elternhaus in einem Glauben erfuhr, der von einem autoritären und absolute Untertänigkeit verlangenden Richtergott als zentraler Gestalt beherrscht war.[105] Andererseits darf man aber nicht so weit gehen, diese frühe Prägung als Dreh- und Angelpunkt für Goebbels' Weltbild zu verabsolutieren. Vielmehr ist angesichts der außergewöhnlichen intellektuellen Begabung Goebbels' davon auszugehen, daß er zwar einerseits zeitlebens in den Schemata dieser seiner katholizistischen Sozialisation verhaftet gewesen sein, andererseits jedoch wiederum deren Strukturen und Wirkungsweise sehr wohl durchschaut und als in hohem Maße effektiv für die Beherrschung von Menschen erkannt haben muß.[106] Dies läßt sich unter anderem an der Art und Weise belegen, wie er in den Jahren ab etwa 1925 systematisch und unter Zuhilfenahme religiöser Anleihen den Führer-Mythos um Adolf Hitler konstruierte.[107]

In den ausgewählten Texten finden sich neben Vergleichen mit der Geschichte über Christi Tempelreinigung (*Lk. 19*, 45-48)[108] und Metaphern auf den Verrat des Judas (*Lk. 22*, 3-6)[109] auch lexikalische Bezugnahmen auf biblisches Vokabular: Adolf Hitler wird als 'Prophet' zur mythischen Gestalt verklärt, die anstatt in Vermutungen oder Drohungen bezüglich des Schicksals des jüdischen Volkes in seherischen Vor-

---

[105] Vgl. Reuth: *Goebbels*, 14.

[106] In der Tat sind Erscheinungsbild und Stil nationalsozialistischer Propaganda in hohem Maße von einer pseudo-christlichen Religiosität geprägt. Vgl. hierzu auch Willi Minnerup, der in seiner Studie zur Pressesprache der Berliner *Germania* zwar anmerkt, daß das Christentum von den Nationalsozialisten sehr wohl als günstig bzw. 'positiv' bewertet worden sei, aber gleichzeitig darauf hinweist, daß sich eine Bezugnahme auf christliche Werte immer nur in sprachlicher oder stilistischer Vermengung mit Begriffen wie 'Deutschtum' u. ä. finde und "christliche Mystik und Symbolik" eigentlich nur zweckentfremdet verwendet werde. (Willi Minnerup: *Pressesprache und Machtergreifung am Beispiel der Berliner* Germania. In: Konrad Ehlich (Hrsg.): *Sprache im Faschismus*. Frankfurt/M. ^{3}1995 (1989), 227f.).

[107] Vgl. Bramsted: *Goebbels*, 280-314.

[108] *Deutsche*, 333, sowie *Judengegner*, 331; vgl. hierzu Kap. 2.4.3.2. (Gleichnis).

[109] Z.B. *Gedächtniskirche*, 340.

aussagen spricht: "(...) es bewahrheitet sich (...) die Prophezeiung, die der Führer am 30. Januar 1939 (...) aussprach (...). Wir erleben eben den Vollzug dieser Prophezeiung (...)."[110] Auch die Ausdrücke 'Inkarnation' und 'sich versündigen' werden gebraucht, um sich Konnotationen zur christlichen Lehre zunutze zu machen. So wird die Bedrohung durch den Kapitalismus, indem sie in den Juden ihre "Inkarnation"[111] findet, personifiziert und somit als reale und nicht mehr nur als abstrakte Gefahr greifbar. Durch die Drohung, daß, "wer den Juden schont", sich "am eigenen Volk" "versündigt"[112], wird zudem der Schutz von Rasse und Blut auf eine mythizistische Ebene gehoben: Die Judengegnerschaft wird von der staatsbürgerlichen Pflicht zum 'heiligen' Gebot.

Des weiteren zitiert Goebbels zweimal das alttestamentarische "Auge um Auge, Zahn um Zahn" und deutet es um zu einer Grundmaxime jüdischer Aggression, um anschließend – einmal explizit und einmal als rhetorische Frage – daraus abzuleiten, daß man seinerseits den Juden nach derselben Maxime begegnen müsse, um sich ihrer zu erwehren.[113] Darüber hinaus findet sich mit der Verwendung des Begriffspaars 'Licht – Finsternis' eine direkte Anlehnung an die biblische Fiat-lux-Metapher, die allerdings zynisch ins Gegenteil verkehrt wird: "Licht soll sein an den Plätzen der Juden, Finsternis in den Gassen der Deutschen."[114] Im übrigen stellt hierbei auch die parallelistische Konstruktion eine imitatio der Bibelsprache dar.[115]

In Goebbels' Verwendung des Gegensatzpaars 'Licht – Finsternis' versinnbildlicht sich ungewollt seine Strategie hinsichtlich der Darstellung der Juden: Licht und Finsternis als metaphorisches Positiv und Negativ menschlichen Seins in der biblischen Bildsprache decken sich exakt mit Goebbels' Konzept, eine weitestmögliche Antipodalität zwischen Deutschen und Juden zu konstruieren. 'Licht' und 'Finsternis' sind nach ihrem biblischen Gebrauch als Gegensatzpaar komplementär, das heißt, die Präsenz des einen schließt die Präsenz des anderen aus.[116] Goebbels zeichnet den

---

[110] *Die Juden sind schuld!*, 85.

[111] *Judengegner*, 330.

[112] *Jude*, 323.

[113] *Die Juden sind schuld!*, 85, sowie *Deutsche*, 333.

[114] *Deutsche*, 332.

[115] Vgl. z.B. *Gen. 1*, 5: "(...) und Gott nannte das Licht Tag, und die Finsternis nannte er Nacht."

[116] Dies gilt nur für den metaphorischen Gebrauch der Bibel. In der Gemeinsprache sind 'Licht' – 'Finsternis' bzw. 'hell' – 'dunkel' Antonympaarungen, die Zwischenstufen wie 'Dämmerung' oder 'halbdunkel' zulassen und deren Oppositionalität insofern nicht polar ist. Im biblisch-metaphorischen Gebrauch ist ihre Entgegensetzung jedoch komplementär, was bedeutet, daß das

Deutschen als Positivum, den Juden als dessen unbedingtes Gegenteil; wird die Existenz des Juden nicht verhindert, so ist die Existenz des Deutschen unweigerlich bedroht: "Man kann den Juden nicht positiv bekämpfen. Er ist ein Negativum, und dieses Negativum muß ausradiert werden."[117] "Der Wert eines deutschen Menschen oder einer deutschen Bewegung steigt mit der Gegnerschaft des Juden."[118]
In abgewandelter Form findet sich eine Anspielung auf das Motiv 'Licht – Finsternis' noch einmal an anderer Stelle in der Formulierung vom "Israelite[n]", der rund um die Gedächtniskirche "sein Wesen und Unwesen treibt" und "dem lieben Gott Tag und Nacht stiehlt."[119]
Der Bericht des SS-Hauptsturmführers Dieter WISLICENY legt die Vermutung nahe, daß das Begriffspaar 'Licht' – 'Finsternis' nicht nur lediglich aufgrund seiner religiösen Konnotationen für die NS-Propaganda benutzt wurde, sondern tatsächlich im Rahmen der nationalsozialistisch-sozialdarwinistischen Vorstellungswelt eine quasireligiöse Funktion innehatte. WISLICENY spricht von dieser Vorstellungswelt als einer "Art Religiosität, die zur Sektenbildung drängt" und in deren "Rassenmystik" der "Welt des Bösen" [= der Juden] eine "Welt des Guten, des Lichtes, verkörpert im blonden, blauäugigen Menschen", gegenüberstünde.[120]

2.2. Grammatikalische Auffälligkeiten

2.2.1. Typisierung: Der kollektive Singular

Mit Vorliebe benennt Goebbels in seinen Texten die Juden im abstrakten Numerus des kollektiven Singulars. Einige Beispiele:

> "Man kann den Juden nicht positiv bekämpfen."[121]
>
> "(...) draufgängerische und tapfere Abrechnung mit dem Hebräer (...)"[122]

---

eine durch das jeweils andere negiert wird: Licht impliziert das Nichtvorhandensein von Finsternis und umgekehrt.

117 *Jude*, 322.

118 *Jude*, 323.

119 *Gedächtniskirche*, 339.

120 Dieter Wisliceny: *Vom "Madagaskar-Plan" bis zur "Endlösung" (Bericht, 1946).* In: Léon Poliakov/Joseph Wulf: *Das Dritte Reich und die Juden.* Berlin 1955 (Neudr. Wiesbaden 1989), 91f.

121 *Jude*, 322.

122 *Knorke!*, 326.

"Der Jude hat unsere Not verschuldet, und heute lebt er davon."[123]

"Wo war der Jude je nicht unser Feind (...)?"[124]

"Auf dem Asphalt der modernen Großstädte errichtet der Weltjude die imperialistische Diktatur des roten Goldes (...)."[125]

"Sieht der Jude, daß es ernst wird, dann geht er augenblicklich von einer Tour in die andere (...)."[126]

(etc.)

Peter von POLENZ weist darauf hin, daß der kollektive Singular ursprünglich ein Mittel wissenschaftlicher Abstraktion darstelle, das dazu diene, Gattungen (z.B. von Tieren) auf ihre typologischen Gemeinsamkeiten zu reduzieren (z.B. "der Maikäfer", "die Buche").[127] Die singularische Abstraktion ermöglicht hierbei, die Unterschiede zwischen dem Einzelexemplar und der Gesamtheit aller Exemplare aufzuheben, sofern die Rede ist von Typika, die für das Einzelne wie die Gattung gleichermaßen Gültigkeit besitzen.

Wird der kollektive Singular jedoch in bezug auf Gruppen oder Gemeinschaften menschlicher Individuen angewandt, so handelt es sich dabei um einen Sprachgebrauch, der zur Bezeichnung von Menschen unangemessen und insofern als unmenschlich zu betrachten ist. Durch solcherlei singularisch-abstraktiver Kollektivierung und Typisierung von Menschen werden diese auf zynisch-distanzschaffende Weise ihrer Individualität beraubt und zu einer 'Gattung' abgewertet, die als in sich homogen deklariert wird und in der der Einzelne nur noch insoweit als 'individuell' wahrgenommen werden soll, als er mit seinen Eigenheiten stellvertretend – und insofern gewissermaßen 'typischerweise' – für die Gesamtheit stehen kann.[128]

Die Unmenschlichkeit eines solchen Denkens in Kollektiven, das unter anderem durch die Verwendung des kollektiven Singulars suggeriert wird, betont – wenn auch in einem anderen Zusammenhang – Karl JASPERS in seinen Überlegungen zur Schuldfrage (1945/46): "Die Verwechslung der gattungsmäßigen mit der typologi-

[123] *Judengegner*, 329.
[124] *Deutsche*, 332.
[125] *Weltfeind*, 334.
[126] *Menschen*, 336.
[127] Polenz: *Geschichte der deutschen Sprache*, 169; Beispiele ebenfalls nach Polenz.
[128] Des weiteren läßt sich vermuten, daß mit der Entlehnung von Bezeichnungsweisen aus der Naturwissenschaft dem Gesagten ein Anschein von wissenschaftlich exakter Erwiesenheit verliehen werden soll.

schen Auffassung ist das Zeichen des Denkens in Kollektiven (...). Das ist eine Denkform, die sich durch die Jahrhunderte zieht als ein Mittel des Hasses der Völker und Menschengruppen untereinander, das insbesondere von den Nationalsozialisten in der bösesten Weise angewendet und durch ihre Propaganda den Köpfen eingehämmert" wurde.[129] Dieses "Denken und Werten in Kollektiven (...) mit seiner Subsumtion jedes einzelnen unter [das] Allgemeine" bezeichnet JASPERS daher als "radikal falsch" und "unmenschlich".[130]
Daß Goebbels' Gebrauch des kollektiven Singulars wohl kaum auf eine "Verwechslung" im JASPERSschen Sinne zurückzuführen ist, liegt auf der Hand. Vielmehr versucht er durch solch kollektivistische Mittel bewußt, eine derartige "Verwechslung" in der Sichtweise seiner Rezipienten herbeizuführen, mit dem Ziel, die typologische Perspektive auf die Juden *als Menschen* zu ersetzen durch eine gattungsmäßige Perspektive auf die Juden *als Spezies:* 'Die Juden' werden zu 'dem Juden [an sich]', die Juden als eine Menge von Individuen mit unterschiedlichen Typen werden umkonstruiert zu einer Gattung mit biologistisch-universeller Typologie.

2.2.2. Supergradierung

Goebbels intensiviert seine Prädikationen bisweilen durch die Hinzufügung von Wörtern mit ultimativem Gradationspotential:

(I) "Wird jemand vom Juden bekämpft, so spricht das absolut für ihn."[131]

(II) "Er ist Ausländer, Volksfremder, der nur Gastrecht unter uns genießt, und zwar ausnahmslos in mißbräuchlicher Weise."[132]

(III) "außerordentlich humane Vorschrift"[133]

(IV) "Die Presse ist ausnahmslos in ihren Händen"[134]

---

[129] Karl Jaspers: *Antwort an Sigrid Undset (1945).* In: Ders.: *Rechenschaft und Ausblick. Reden und Aufsätze.* München 1951, 154.
[130] Karl Jaspers: *Die Schuldfrage. Von der politischen Haftung Deutschlands.* Heidelberg/Zürich 1946 (Neudr. München ^{2}1996), 31.
[131] *Jude*, 323.
[132] Ebd.
[133] *Die Juden sind schuld!*, 86.
[134] *Weltfeind*, 334.

(V) "Parlament und Kabinett sind bedingungslos in seine Hand gegeben"[135]

'Absolut', 'ausnahmslos', 'außerordentlich' und 'bedingungslos' bringen in diesen Beispielen einen äußersten Grad an Intensität zum Ausdruck, der nicht mehr weiter steigerbar ist.[136] I. I. SUSCINSKIJ zählt sie zu einer Klasse "stilistisch markierte[r], emotional-expressive[r] Steigerungswörter", die "mit ihrer ursprünglichen Bedeutung auf Ungewöhnliches hinweisen", zu Gradationszwecken aber lediglich aufgrund ihrer "Expressivität"[137] und nicht mehr mit prädikativer Funktion gebraucht werden (vgl. die unterschiedliche Funktion beispielsweise des Adjektivs 'außerordentlich' in "Die Kondition der Sprinterin war *außerordentlich*" und "Die Sprinterin war bei der Meisterschaft *außerordentlich* erfolgreich").

Supergradierte Äußerungen ermöglichen unter pragmatischem Blickwinkel Rückschlüsse auf die Intention ihres Produzenten, was sich verdeutlichen läßt, indem man sie in eine subjektive Perspektive transformiert und paraphrasiert:

Bsp.: (I) "Wird jemand vom Juden bekämpft, so spricht das absolut für ihn."

→ (I*) "Wird jemand vom Juden bekämpft, so spricht das für ihn – *und dessen bin ich (der Sprecher) mir ganz sicher."*

→ (I**) "Wird jemand vom Juden bekämpft, so spricht das für ihn, *und das ist wahr."* [138]-

Nach Paraphrase (I*) erfüllt 'absolut' die Funktion, dem in (I) Geäußerten einen hohen Grad an Gewißheit bezüglich seines Wahrheitsgehaltes seitens des Sprechers zugrunde zu legen. Nach Paraphrase (I**) dient 'absolut' zudem dazu, diese Gewißheit des Sprechers dahingehend zu bekräftigen, daß ihr Charakter nicht nur als sprechersubjektiv, sondern auch als objektiv gegeben angesehen werden könne und daß der Wahrheitsgehalt von (I) somit allgemeingültig sei.[139]

---

[135] Ebd.

[136] Vgl. Karl-Ernst Sommerfeldt: *Zum Verhältnis von Lexik und Grammatik. Die Rolle lexikalischer Mittel bei der Gradation.* In: *Sprachpflege 36.* 1987, 131.

[137] I. I. Suscinskij: *Die Steigerungsmittel im Deutschen.* In: *Deutsch als Fremdsprache 22* (1985), 97.

[138] Paraphrasen analog zu Suscinskij: *Steigerungsmittel*, 96.

[139] Vgl. ebd.

Berücksichtigt man darüber hinaus die Tatsache, daß es sich bei (I) – und analog dazu auch bei (II), (III) und (IV), die ebenso paraphrasiert werden können – nicht etwa um eine Äußerung privater Natur, sondern im Rahmen eines öffentlichen Textes mit appellativem Charakter handelt, so läßt sich die Intention ihres Produzenten deutlich machen, indem man (I) nach (I*) und (I**) interpretiert und in einen Appell überführt derart:

Intention (I)$_{<\text{Lesart (I*), Lesart (I**)}>}$ = "Wird jemand vom Juden bekämpft, so spricht das für ihn, *und dessen bin ich mir gewiß / das ist wahr, und ich will, daß ihr das glaubt!"*

2.2.3. Elative

Johannes VOLMERT bezeichnet "das Inventar der Superlative und Elative" in der nationalsozialistischen Propaganda als ein "regelrechtes Kuriositäten-Kabinett" und verweist in diesem Zusammenhang auf die "Tendenz der faschistischen Rhetorik zur Monumentalität".[140] Hierbei überflügelt, wie es scheint, das übersteigerte Bedürfnis der Nationalsozialisten zu größtmöglicher weltanschaulicher Polarisation die Grenzen sprachlicher Darstellbarkeit, indem anhand abenteuerlicher Superlativbildungen versucht wird, die Möglichkeiten der Gradation auszuweiten. Der Gebrauch von Elativen, also (nach DUDEN) Superlativen außerhalb einer Vergleichssituation[141], wie "Vernichtungswillen brutalster Gegner"[142], "in der unmenschlichsten Weise"[143] oder "die lebenswichtigsten Organe"[144] offenbart einen Fanatismus, der bis in die Strukturen der Sprache hineinwirkt und zugleich die grammatischen Restriktionen dieser Strukturen zu sprengen versucht.[145] Manfred BEETZ spricht diesbezüglich von einer "forcierte[n] Steigerung des Unüberbietbaren"[146], Sigrid FRIND von einem

[140] Volmert: *Politische Rhetorik*, 151.

[141] Vgl. *DUDEN Grammatik*, § 522.

[142] *Prozesse*, 324.

[143] *Judengegner*, 330; das Wort "unmenschlichsten" ist zudem in Goebbels' Text durch Sperrsetzung besonders hervorgehoben.

[144] *Weltfeind*, 333f.

[145] Vgl. auch Sigrid Frind: *Die Sprache als Propagandainstrument des Nationalsozialismus.* In: *Muttersprache 76*. 1966, 131.

[146] Manfred Beetz: *Totalitäre Rhetorik und Konstruktivismus. Zu Goebbels' Proklamation des totalen Krieges im Berliner Sportpalast am 18. Februar 1943.* In: Albert F. Herbig (Hrsg.): *Kon-*

"Pseudomonumentalstil", in dessen pathetischem Selbstübersteigerungsdrang sich "obskure Wertvorstellungen in maßlosem Schaugepränge" offenbaren.[147]

Für den Superlativ ist im allgemeinen charakteristisch, daß sein Gebrauch nur dann einen Sinn ergibt, wenn mehr als zwei Dinge hinsichtlich einer Eigenschaft gegeneinander abgesetzt werden.[148] Hierbei wird für die Vergleichseigenschaft eine Art Maßstab angenommen, dessen jeweilige Endpunkte relativ sind zu denjenigen beiden Elementen der zu vergleichenden Menge, bei denen diese Eigenschaft am ausgeprägtesten beziehungsweise am wenigsten ausgeprägt auftritt.
Beispiel:

Vergleichseigenschaft:	Größe	
Bezugsmenge:	Frau Meiers Söhne	
	(Heinz	1,60m,
	Bernd	1,76m,
	Peter	1,92m)
→ Relevanter Maßstab:	Größe von 1,60m bis 1,92m	
→ Aussagen:	"Peter ist der größte von Frau Meiers Söhnen."	
	"Heinz ist der kleinste von Frau Meiers Söhnen."	
	(Über Bernd kann mit dem Superlativ nichts ausgesagt werden, da seine Größe in Hinblick auf den Maßstab keinen Extremwert darstellt.)	

Die Einschränkung der Vergleichssituation auf die Menge 'Frau Meiers Söhne' impliziert hierbei, daß die anhand des Vergleichs getroffene Aussage auch nur in bezug auf den für diese Menge relevanten Maßstab Gültigkeit besitzt.
Begreift man nun den Elativ als einen Sonderfall des Superlativs, so läßt sich dieser (in Gegensatz zur DUDEN-Definition) beschreiben als ein Superlativ, für den – durch die Bezugnahme auf eine Eigenschaft – eine Vergleichssituation nach wie vor angenommen wird, diese aber nicht zur Ausführung kommt, indem durch das Aus-

---

zepte rhetorischer Kommunikation. St. Ingbert 1995 (Sprechen und Verstehen. Schriften zur Sprechwissenschaft und Sprecherziehung 7), 185.

[147] Frind: *Sprache als Propagandainstrument*, 130.

[148] Vgl. *DUDEN Grammatik*, § 516ff.

bleiben einer Konkretisierung der Vergleichsmenge kein Maßstab erkennbar ist. Insofern ist der Elativ weniger als als ein "absoluter" Superlativ[149] im Sinne der Wortartenlehre anzusehen, als vielmehr als eine Art *rhetorischer* Superlativ. Als solcher ermöglicht er eine extreme (aufgrund des Fehlens eines Maßstabs gewissermaßen 'maßlose') Akzentuierung von Eigenschaften. Zugleich kann mit ihm – ähnlich der Funktion supergradierender Adjektive[150] – der Gültigkeitsanspruch einer Aussage besonders hervorgehoben beziehungsweise deren Faktizität als absolut suggeriert werden:

Der Jude unterdrückt uns "in der unmenschlichsten Weise."

→ *Paraphrase:* "Die Weise, in der uns der Jude unterdrückt, ist unmenschlich, und zwar in einem solchen Maße, daß darüber keine weiteren Worte mehr verloren werden müssen."

(→ "Daß die Weise, in der uns der Jude unterdrückt, unmenschlich ist, ist unbestreitbar.")

Daß der Elativ von Goebbels in derselben Weise und zu demselben Zweck verwendet wird wie auch die supergradierenden Adjektive, zeigt sich, wenn man die Elativausdrücke in Ausdrücke mit supergradierenden Adjektiven 'übersetzt':

Der Jude unterdrückt uns "in der unmenschlichsten Weise."

→ "Der Jude unterdrückt uns in absolut unmenschlicher Weise."

Supergradierung wie Elativ sind also Mittel zur Wirklichkeitssuggestion durch Intensivierung. Als weitere Variante derartiger Mittel wäre an dieser Stelle noch die Intensivierung anhand pejorativer Adjektive anzuführen, die Goebbels an zwei Stellen verwendet:

"Man ist milde und verurteilt ihn zu einer lächerlich geringen Strafe."[151]

"die stupiden, gedankenlos rührseligen Argumente einiger zurückgebliebener Judenfreunde"[152]

---

149 *DUDEN Grammatik*, § 522.
150 Vgl. Kap. 2.2.2.
151 *Prozesse*, 325.
152 *Die Juden sind schuld!*, 88.

2.3. Syntaktisch-stilistische Auffälligkeiten

2.3.1. Parataxe

Bei der syndetisch-parataktischen Satzverbindung wird der "Anspruch signalisiert, dass zwei Sachverhalte *zusammen* (...) gelten"[153]. Durch die Verbindung zweier Sachverhalte zu einem Satz ist deren Zusammengehörigkeit also stärker betont als wenn es sich um zwei separate Sätze handelte. Man vergleiche:

(I) "Er ist ein Negativum. Dieses Negativum muß ausradiert werden."

(II) "Er ist ein Negativum, *und* dieses Negativum muß ausradiert werden."[154]

Während in (I) der zweite Satz als aus dem ersten Satz abgeleitetes Postulat oder als Vorschlag aufgefaßt werden kann, wird in (II) die Aussage der zweiten Satzhälfte durch ihre koordinative Nachordnung mit 'und'-Verknüpfung zwingend, sofern die Gültigkeit von "Er ist ein Negativum" nicht infrage gestellt wird. Man könnte auch sagen, daß die beiden Einzelsätze in (I) ein *vertikales*, die beiden Teilsätzen von (II) jedoch ein *horizontales* Abhängigkeitsgefüge darstellen. Anders ausgedrückt: Während (I) als ein Argument betrachtet werden kann, über dessen Prämissen noch diskutiert werden könnte, handelt es sich bei (II) aufgrund der Verknüpfung lediglich um *eine* Proposition, die nur *insgesamt* wahr oder falsch sein kann:

(I*)	*Prämisse 1:*	Ein Negativum ist etwas, das uns bedroht.
	Prämisse 2:	Der Jude ist ein Negativum.
	Conclusio:	Der Jude muß bekämpft ("ausradiert") werden.
(II*)	*Proposition:*	Der Jude ist ein Negativum und muß als solches ausradiert werden.

Während bei (I*) sowohl Prämisse 1 als auch Prämisse 2 hinterfragt werden können, kann bei (II*) nur die Aussage als Ganzes in Zweifel gezogen werden. (II*) bietet al-

[153] Beat Louis Müller: *Der Satz. Definition und sprachtheoretischer Status.* Tübingen 1985 (Reihe Germanistische Linguistik 57), 169f.

[154] *Der Jude*, 322.

so weniger 'Angriffsfläche' als (I*) und ist insofern hermetischer[155], bei Goebbels nahezu lehrbuchartig.

Gänzlich lehrbuchartig werden Goebbels' Ausführungen schließlich in Passagen, in denen nur noch kurze, prägnante Aussagesätze aneinandergereiht werden, etwa:

> "Nicht Gott hilft. Wir müssen uns selbst helfen.
>
> Unser Leben ist in Gefahr. Das deutsche Volk befindet sich in einem Dauerzustand der Notwehr."[156]

Geradezu ein Paradebeispiel für parataktischen Stil unter gleichzeitiger größtmöglicher Verknappung bietet auch folgende Passage, die aus nichts anderem als hintereinandergeschalteten, parallel konstruierten Slogans besteht:

> "Blut gegen Gold! Arbeit gegen Geld! Fäuste gegen Paragraphen! Leben gegen tote Formel!
>
> Dafür marschieren wir auf!"[157]

2.3.2. Reihung von Substantiven

Peter von POLENZ spricht in bezug auf die NS-Propaganda von einem charakteristischen Nominalstil, der zustande komme durch eine "Bevorzugung des Worte-Sprechens auf Kosten des Sätze-Sprechens" und sieht darin eine Entsprechung zum "bloßen Wortdenken der Halbgebildeten", eine "Art 'Vokabelmusik'", die "sich mehr an das Gefühl als an den Verstand" wende.[158]
Auch Goebbels' Texte leben über weite Teile von der Anhäufung und additiven Reihung von Substantiven und zeichnen sich somit aus durch einen Stil, in welchem die Beschreibung von Vorgängen und Handlungen (Verben) zugunsten eines monumentalistischen bloßen Benennens (Substantive, Namen) in den Hintergrund tritt.

---

[155] Vgl. den Verweis bei Müller auf den aussagenlogischen Charakter von *und*-Verbindungen: Durch Konjunktion werden zwei Aussagen mit jeweils eigenem spezifischen Wahrheitswert zu einer Aussage mit integrativem Wahrheitsanspruch verknüpft. (Müller: *Satz*, 170).

[156] *Weltfeind*, 335.

[157] Ebd.

[158] Polenz: *Geschichte der deutschen Sprache*, 172.

Überladene Objektstellen in Sätzen wie den folgenden sind daher eher die Regel denn eine Ausnahme:

(I) "[Der Jude ist] Lump, Parasit, Betrüger, Schieber"[159]

(II) "[Der Jude] produziert nicht, er handelt nur mit Produkten. Mit Lumpen, Kleidern, Bildern, Edelsteinen, Getreide, Aktien, Kuren, Völkern und Staaten."[160]

(III) "der Großkapitalist, Republikminister, Bolschewistenfreund und internationale Jude Walter Rathenau"[161]

(IV) "Die Argumente (...) sind immer dieselben: die Juden seien doch auch Menschen – als wenn wir jemals etwas anderes behauptet hätten und dasselbe nicht ebenfalls auf Raubmörder, Kindesvergewaltiger, Diebe und Zuhälter zuträfe"[162]

In solcherlei Konstruktionen lediglich eine Reihung von Substantiven sehen zu wollen, erscheint mir jedoch als unbefriedigend. Vielmehr könnte man hier – um einen Terminus aus der modernen Musik zu entlehnen – von nominalen *Clustern* sprechen, die je nach Kontext unterschiedliche Funktionen erfüllen können:

Bsp. (II) "[Der Jude] produziert nicht, er handelt nur mit Produkten.

[*Zum Beispiel mit:*]
- Lumpen,
- Kleidern,
- Bildern,
- Edelsteinen,
- Getreide,
- Aktien,
- Kuren,
- Völkern und
- Staaten."

In diesem Beispiel zielt der Einsatz des Nominalclusters darauf ab, um den in Rede stehenden Sachverhalt einen möglichst bildhaften und farbigen Gegenstandsbereich

---

[159] *Jude*, 322.
[160] *Judengegner*, 329.
[161] *Weltfeind*, 333.
[162] *Die Juden sind schuld!*, 87.

möglicher Konkretisierungen entstehen zu lassen. Hierin kann man einen totalitären Gebrauch von Sprache par excellence gelegen sehen, insofern dem Rezipienten nicht einmal die Freiheit zugestanden wird, sich die Ausführungen Goebbels' – die ja auch ohne derartige Substantivhäufungen schon bildhaft genug wären – in der Phantasie selbst zu illustrieren. Vielmehr werden dem Rezipienten anhand eines Arsenals exemplarischer Illustrationen selbständige Konkretisierungen bereits vorweggenommen.

Auf den ersten Blick mögen die neun Nomina in Beispiel (II) als von Goebbels willkürlich ausgewählt erscheinen. Bei genauerer Betrachtung zeigt sich jedoch, daß beinahe jedes einzelne dieser Nomina exemplarisch für jeweils einen Bereich des menschlichen Lebens steht – "Lumpen" für den Bereich 'Haushalt', "Kleider" und "Getreide" für den Bereich 'Grundlebensmittel', "Bilder" für den Bereich 'Kultur(gegenstände)', "Edelsteine" für den Bereich 'Luxusgüter', "Aktien" für den Bereich 'Geld/Kapital', "Kuren" für den Bereich 'Medizinische Versorgung', "Völker und Staaten" für den Bereich 'Gesellschaft/institutionelle Ordnung'. Darüber hinaus wird durch jedes Substantiv eine andere Bevölkerungsgruppe angesprochen (einfache Leute, Kulturschaffende, Vermögende, Landwirte, etc.). Dieses sorgfältig komponierte Nominalcluster bebildert die vorausgehende Aussage, der Jude handele "mit Produkten", nicht nur, sondern weitet sie auch aus zu einer Aussage derart:

(II*) Der Jude handelt *mit allem.*

Zudem sind die Elemente des Clusters hinsichtlich ihres Werts in nahezu streng aufsteigender Folge angeordnet, insofern zuunterst die Bereiche des täglichen Lebens stehen und zuoberst "Volk" und "Staat" als Nonplusultren im ideellen Wertekanon nationalsozialistischer Ideologie. Dies führt dazu, daß in (II) neben der Aufzählung all dessen, mit was die Juden handeln, zugleich auch eine Aussage über 'den Juden *an sich*' getroffen wird:

(II**) Es gibt keinen Unterschied zwischen dem Lumpen-Juden, dem Aktien-Juden und dem Juden als Staatsmann.

An anderer Stelle wird das Nominalcluster zur gezielten Verunglimpfung einer Einzelperson, nämlich des ehemaligen nationalliberalen Außenministers Walter Rathenau (DDP)[163], verwendet. Goebbels hatte Rathenau bereits 1924 als einen herausragenden Vertreter der 'jüdisch-marxistischen Weltverschwörung' bezeichnet und sich 1927 vor dem Berliner Staatsgerichtshof für die Verherrlichung von dessen rechtsextremistischen Mördern verantworten müssen.[164] In seinem Artikel *"Der Weltfeind"*, erschienen im *"Angriff"* vom 19. März 1928 und somit im Vorfeld der vorgezogenen Reichstagswahlen am 20. Mai, stigmatisiert er ihn anhand einer Reihung von vier prägnanten Substantiven zum Vertreter all dessen, was der NSDAP gemäß der Stoßrichtungen seiner Propaganda als verachtenswert gilt:

Bsp. (III)	Walter Rathenau:		NSDAP:
	– "Großkapitalist"	↔	– antikapitalistisch
	– "Republikminister"	↔	– republikfeindlich
	– "Bolschewistenfreund"	↔	– antikommunistisch
	– "internationale[r] Jude"	↔	– antisemitisch

Ähnlich verfährt Goebbels auch in den Beispielen (I) und (IV), nur daß es ihm in ihnen nicht darum geht, einen politischen Gegner auszumachen und als solchen unmißverständlich zu benennen, sondern vielmehr darum, die Juden als Kollektiv zu kriminalisieren und ihre angebliche Gefahr für das deutsche Volk durch eine Reihung exemplifizierter Verleumdungen zu verdeutlichen:

Bsp. (I) [Paraphrase]	Der Jude ist ein Lump, ein Parasit, ein Betrüger und ein Schieber.
Bsp. (IV) [Paraphrase]	Der Jude gehört zur selben Sorte Mensch wie Raubmörder, Kindesvergewaltiger, Diebe und Zuhälter.

Zusammenfassend läßt sich in bezug auf den Einsatz additiver Substantivhäufung also sagen, daß Goebbels damit seine Ausführungen durch eine Art exemplifizierender Bildhaftigkeit zu untermauern versucht. Durch die Nominierung konkreter Beispiele soll das Augenmerk des Rezipienten auf einfache und prägnante Bilder gelenkt wer-

---

[163] Außenminister im Kabinett Wirth aus Zentrum, SPD und DDP vom 21.1.1922 bis zu seiner Ermordung durch rechtsextreme Freikorps-Soldaten am 24.6.1922 (Vgl. Horst Möller: *Weimar. Die unvollendete Demokratie.* München [5]1994 (1985), 278 und 282).

[164] Vgl. Reuth: *Goebbels*, 74 und 119, sowie Möller: *Weimar*, 151f.

den, die als Garanten für die Gültigkeit der vorgebrachten Propositionen betrachtet werden sollen. Rationale Argumentation wird somit ersetzt durch eine einfach nachvollziehbare nominale Bildsprache.

2.3.3. Reihung von Adjektiven

Die Reihung von Eigenschaftsadjektiven findet sich in Goebbels' Formulierungen ähnlich häufig wie die Hintereinanderschaltung von Substantiven. Neben epithetaartigen Konstruktionen wie "de[m] gutmütigen deutschen Michel"[165], bei denen zwei Eigenschaften durch Zusammenrückung in einen Sinnzusammenhang gebracht werden[166], finden sich auch ganze Reihen von Adjektiven, zum Beispiel:

(I) "Das ist ein elementares Gebot völkischer, nationaler und sozialer Hygiene."[167]

(II) "Er [der Jude] hat also die besseren Trümphe in der Hand, wenn ein Volk in innerer und äußerer Sklaverei lebt, als wenn es frei, tüchtig, selbstbewußt und geschlossen ist. Der Jude hat unsere Not verschuldet, und heute lebt er davon."[168]

(IIIa) "Dieser Fürst Pückler (...) schlug Methoden vor, die (...) angewandt werden konnten, als die Menschen noch roh, gemein, brutal und inhuman waren."[169]

(IIIb) "Und da will man uns als brutal und blutrünstig verschreien, die wir so sanft, so demütig, so human und gottesfürchtig sind? (...) Seid dankbar, daß wir so gebildete, anständige und honette Leute sind."[170]

In den Beispielen (I) und (II) hat die Adjektivreihung programmatisch-normative Funktion: In (I) wird anhand dreier schlagworthafter Leitvokabeln der Antisemitismus programmatisch begründet und zum "Gebot" erhoben. Ähnlich wie im Ausdruck "deutsche Volksgemeinschaft"[171] werden hier wieder die drei Eckpunkte nationalsozialistischen Selbstverständnisses, nämlich 'Volk', 'Nation' und 'Gemeinschaft', zueinander in Beziehung gesetzt und aus ihnen die Notwendigkeit einer aggressiven

---

[165] *Die Juden sind schuld!*, 87.
[166] Vgl. hierzu Kap. 2.4.2.2.
[167] *Die Juden sind schuld!*, 88.
[168] *Judengegner*, 329.
[169] *Knorke!*, 328.
[170] Ebd.

Abgrenzung ("Hygiene") gegenüber dem diese Norm gefährdenden Gegner abgeleitet. In der NS-Propaganda taucht kein anderes Begriffstripel auch nur annäherungsweise in solcher Häufigkeit auf. Dies führt dazu, daß die Adjektive 'völkisch', 'national' und 'sozial' mit der Zeit so gut wie synonym verwendet werden können, insofern durch ihre beständige Zusammenrückung das eine jeweils auch die beiden anderen automatisch assoziieren läßt. Beispiel (I) kann daher als exemplarisch gelten für eine Denotatsverschmelzung derart:

deutsch/völkisch = national = sozial/gemeinschaftlich (= antijüdisch)[172]

In Beispiel (II) wird anhand von vier kraftvollen Eigenschaften ein Rahmen dessen abgesteckt, was Goebbels seinen Rezipienten als Idealfall 'völkischer' Selbstverwirklichung suggerieren will. Diese Idealeigenschaften werden wiederum kontextuell als durch die Juden behindert dargestellt. Die Wortwahl ("frei", "tüchtig", "selbstbewußt", "geschlossen") dürfte auf Schlagworte aus dem Sprachgebrauch rechtskonservativer und restaurativ-reaktionär orientierter Gruppen zurückgehen, mit denen nach 1919 versucht wurde, an das Nationalgefühl zu appellieren und dieses gegen die Bestimmungen des Versailler Vertrags aufzubringen. Wie in Beispiel (I) wird durch die Reihung ein Soll-Zustand charakterisiert, dem die Juden im Wege stünden.

---

[171] *Die Juden sind schuld!*, 86; vgl. Kap. 2.1.1.

[172] Insofern somit das 'Völkische' in die Nähe des 'National-Sozialen' gerückt wird, womit zugleich die 'völkische' Zugehörigkeit zum 'Deutschen' (in scharfer Abgrenzung um 'Jüdischen') zum Kriterium dafür wird, auch 'national' und 'sozial' sein zu können, kommt diesen drei Schlagwörtern eine *emblematische* Funktion dafür zu, kenntlich zu machen, wer nach dem von Goebbels' propagierten dualistischen Weltbild der *guten*, 'deutschen' Sphäre zuzurechnen ist. Daher erfüllen diese Ausdrücke als positive Schlagwörter in ihrer spezifischen Konstellation zudem auch die von HERMANNS aufgezeigten Kriterien für *Fahnenwörter*: Da das 'Deutsche' laut Goebbels' existentiell durch das 'Jüdische' bedroht und eine Abgrenzung gegen diesen 'jüdischen Feind' nur im Rahmen "völkischer, nationaler und sozialer Hygiene" möglich sei, wird die Sphäre des 'Deutschen' gänzlich der nationalsozialistischen Ideologie unterstellt; die Zusammengehörigkeit von 'Volkszugehörigkeit' und 'national-sozial(istisch)em' Bewußtsein wird somit für eine existentielle Sicherung vor der konstruierten äußeren Bedrohung absolut gesetzt. Parteiungen werden *innerhalb* der 'deutschen' Sphäre somit nicht mehr anerkannt, vielmehr kennt Goebbels' rassisch-universalistisches Weltbild nur noch zwei große und komplementäre Kollektive. In diesem Sinne kann HERMANNS' Definiton vom *Fahnenwort* als auf die Ausdrücke 'völkisch', 'national' und 'sozial' zutreffend bezeichnet werden ("Fahnenwörter sind positive (affirmative) Schlagwörter, die zugleich auch als Erkennungszeichen von Parteiungen fungieren und fungieren sollen"; Hermanns: *Schlüssel-, Schlag- und Fahnenwörter*, 16).

Im Text *"Knorke!"* (Beispiele (IIIa) und (IIIb)) schließlich wird – wenn auch mit unverhohlenem Zynismus – versucht, anhand vierdimensionaler kontrastiver Entgegensetzung darauf zu verweisen, wie "human" sich das Judenprogramm der NSDAP gegenüber den Äußerungen des Fürsten Pückler ausnehme:

Fürst Pücklers Methoden sind:		"Wir" dagegen sind:
– roh	↔	– sanft
– gemein	↔	– demütig
– brutal	↔	– gottesfürchtig
– inhuman	↔	– human

Hierbei dient die Reihung von Eigenschaftadjektiven ganz einfach dazu, durch möglichst vielfache Entgegensetzung die Schärfe der Absetzung gegen Fürst Pückler so kontrastreich als möglich zu gestalten. Der Unterschied des NS-Antisemitismus zum Antisemitismus Pücklers, der in Wirklichkeit bestenfalls begriffskosmetischer Natur ist, wird durch die reihenweise vorgenommene Entgegensetzung sogar erst konstruiert.

2.4. Tropen und Figuren

2.4.1. Tropen

2.4.1.1. Antonomasie und Periphrase

Das Judenbild, welches Goebbels in den vorliegenden Texten konstruiert, wird geschickt illustriert durch vielfältige Substitution des Ausdrucks 'Jude(n)' mit – zumeist mit negativen Konnotationen behafteten – Attributen (Antonomasie) oder Mehrwortausdrücken (Periphrase).[173] Da diese Substitutionen an keiner Stelle begründet, sondern vielmehr wie selbstverständlich verwendet werden, wird somit versucht, das Konnotat zu 'Jude/jüdisch' um diese jeweiligen Attribute und Umschreibungen zu ergänzen. Die Variation der Bezeichnungen für die Juden auf Ausdrucksebene zielt al-

[173] Zur Definition vgl. Heinrich Lausberg: *Handbuch der literarischen Rhetorik. Eine Grundlegung der Literaturwissenschaft.* Stuttgart [3]1990, §§580-581, sowie Herwig Görgemanns: *Tropen und Figuren. Die wichtigsten Begriffe aus der traditionellen Theorie.* Heidelberg: Seminar für Klassische Philologie [12]1995, Abs. 1.4 und 1.5.

so letztlich auf eine Veränderung des den Lexemen 'Jude'/'jüdisch' zugrundeliegenden begrifflichen Konzepts.[174]

Folgende Antonomasien und Periphrasen etabliert Goebbels auf diese Weise in den untersuchten Texten (Beispiele):

[antonomastisch:]

'Der/die Jude(n)'	=	'Feind'
		'Volksfeind'
		'Kriegstreiber, -anstifter, -nutznießer'
		'Ausländer'
		'Betrüger'
		'Gegner'
		'Schieber'
		'Terrorist'
		'Unfriedenstifter'
		'Volksfremder'
		'Hebräer'
		'Zerfetzer'
		'Zerstörer'
		'Unmensch' (etc.)

[periphrastisch:]

'Der/die Jude(n)'	=	'Sendboten des Feindes'
		'Verderber unseres Volkes'
		'asiatische Wüstenwanderer' (etc.)

[174] Vgl. hierzu Karl JASPERS' Anmerkungen zur weltkonstitutiven Funktion von Benennungen, nach welchen "falsche" Worte – seien sie nun bewußt oder unbewußt 'falsch' gesetzt – "Irrtumsquellen" darstellen können für die Sicht der Sprachteilhaber auf die mit diesen Worten benannten Dinge und Sachverhalte: "Es ist keineswegs gleichgültig, wie man die Sachen nennt, mit denen man sich beschäftigt. Der Name schon bringt eine Auffassungstendenz mit sich, kann glücklich treffen oder in die Irre führen". (Karl Jaspers: *Die Sprache.* In: Ders.: *Die Sprache. Über das Tragische.* München 1947 (Neudr. 1990), 56).

Die Grenze zur Metapher ist hierbei nicht eindeutig zu ziehen, da es aufgrund der allgemeinen Bildhaftigkeit von Goebbels' Wortwahl in einigen Fällen schwer fällt, auszumachen, ob der Autor nun bewußt metaphorisch spricht oder ob er eine bildhafte Umschreibung als in einer realen Beziehung zum Begriff 'Jude(n)' stehend verstanden wissen will.

Vermutlich ist in solcherlei Zweifelsfällen eher von Antonomasie beziehungsweise Periphrase auszugehen als von Metaphern, da mit ersteren *direkt* auf das Konnotat von Begriffen einzuwirken versucht werden kann, zweitere jedoch eher der Analogiebildung dienen und somit *mittelbar* – über einen dem bildspendenden Bereich stereotypisch anhaftenden Aspekt – eine Umkonstruktion der Sichtweise auf das Bezeichnete ermöglichen.

2.4.1.2. Metaphern

Ursula PIEPER schließt ihre corpusgestützte Studie über tierische Metaphern mit der Bemerkung, daß eine tiefergehende Analyse derselben nur auf der Grundlage der Fragestellung "'Wer sagt was in welchem Kontext'" möglich sei.[175] Hinsichtlich propagandistischer Texte wie den vorliegenden kann und muß diese Frage auf sämtliche Metaphern ausgeweitet werden, da in diesen Texten die Auswahl der Metaphern und deren Gebrauch nur auf dem Hintergrund der Intention des Autors zufriedenstellend beschrieben werden kann. Bernhard DEBATIN erklärt die Verwendung von Metaphern zu rhetorischen Zwecken aus deren "veranschaulichenden, vergegenwärtigenden und verlebendigenden Eigenschaften" und verweist zugleich auf das der Metapher immanente Postulat einer Analogiebeziehung zwischen ihrem Bild- und ihrem Projektionsbereich[176]. Diese beiden von DEBATIN genannten Punkte kann man einer Beschreibung des Goebbelsschen Metapherngebrauchs zugrunde legen. In den vorliegenden Texten dient die Metapher zum einen einer Verlebendigung beziehungsweise Verbildlichung des Gesagten; zum anderen wird sie wirklichkeitskonstitutiv

[175] Ursula Pieper: *[+ANIM, –HUMAN, ...] = 'MENSCH': Tierische Metaphern.* In: Ursula Pieper/Gerhard Stickel (Hrsg.): *Studia Linguistica Diachronica et Synchronica. Werner Winter Sexagenario anno MCMLXXXIII gratis animis ab eius collegis, amicis disciplulisque oblata.* Berlin/New York/Amsterdam 1985, 652.

[176] Bernhard Debatin: *Die Rationalität der Metapher. Eine sprachphilosophische und kommunikations-theoretische Untersuchung.* Berlin/New York 1995, 22.

eingesetzt aufgrund ihrer "stille[n] Prämisse", daß die durch sie in Zusammenhang gebrachten Dinge "unter einem bestimmten Hinblick ähnlich sind"[177]. Beispielsweise suggeriert eine Metapher "Der Jude ist der plastische Dämon des Verfalls"[178] (I) ihrem Rezipienten eine Perspektive auf die Juden, die durch die mit den Ausdrücken "Dämon" und "Verfall" verbundenen Konnotationen und Affekte determiniert ist. Anders ausgedrückt: Die metaphorische Vorgabe an den Rezipienten, im Juden etwas Dämonisches sehen zu *sollen* (aufgrund oben referierter "stille[r] Prämisse"), zielt darauf ab, diesen zu der Ansicht zu führen, daß am Juden *tatsächlich* etwas Dämonisches zu entdecken sei. Akzeptiert der Rezipient also eine Metapher dieser Art, so wird er darangehen, bei der Betrachtung der Individuen oder Kollektive, auf die sie angewendet wurde, fortan nach irgend etwas zu suchen, das er als 'dämonisch' interpretieren kann. Zudem sind Metaphern wie diese von hoher imaginativer Expressivität, insofern sie eine Vielzahl an bildhaften Assoziationen zulassen, wodurch der Text im Kopf des Rezipienten lebendig wird und Szenarien evoziert, die schließlich die Sicht der bis dato angenommenen Wirklichkeit über den betreffenden Gegenstand dahingehend determinieren, daß sie ihre eigene (imaginäre) Wirklichkeit als Erkenntnisraster in diese vorige Wirklichkeit hineintragen. Zur Unterstützung dieser These läßt sich Max BLACK anführen, der darauf hingewiesen hat, "daß manche Metaphern uns in die Lage versetzen, bestimmte Aspekte der Wirklichkeit zu sehen, zu deren Konstitution die Herstellung der Metapher beiträgt."[179] Wie das Zeitlupenbild kann also eine durch eine Metapher evozierte Sichtweise für den Rezipienten zu einem festen "Bestandteil der Welt" beziehungsweise seiner Sicht auf die Welt werden.[180]

---

177 Ebd.

178 *Judengegner*, 329.

179 Max Black: *Mehr über die Metapher.* In: Anselm Haverkamp (Hrsg.): *Theorie der Metapher.* Darmstadt 1983, 408f. Vgl. hierzu Ludwig WITTGENSTEINS Bemerkungen zur Relativität menschlicher Erkenntnisfähigkeit unter dem Gesichtspunkt einer universalen Aspektabhängigkeit des 'Sehens': Das "Kriterium des Seherlebnisses" ['Sehen' bei Wittgenstein i.S.v. 'Erkennen'] sei nichts anderes als die jeweilige "Darstellung dessen, 'was gesehen wird'" und diese "Darstellung" sei jeweils bedingt durch den "Aspekt", unter welchem eine Sache unter der jeweiligen Erkenntnisabsicht betrachtet – und somit als solche erst konstituiert – werde. (Ludwig Wittgenstein: *Philosophische Untersuchungen.* In: Ders.: *Werkausgabe Band I.* Frankfurt/M. [11]1997 (1984), 519-526). Blacks Metapherntheorie schließt an die ontologischen und erkenntnistheoretischen Ausgangspositionen von Wittgensteins *"Philosophischen Untersuchungen"* an.

180 Black: *Mehr über die Metapher*, 408f.

Sämtliche der von Goebbels in bezug auf die Juden gebrauchten Metaphern sind auf diese Weise wirklichkeitssuggestiv, zumal es sich bei ihnen zumeist um Lexeme handelt, die bei ihrer allegorischen Anwendung auf die Juden eine negative Sichtweise auf diese eröffnen. Als Beispiel seien hierzu noch einmal die Metaphern aus dem Bildbereich 'Tierischer Bereich' angeführt[181]:

(II) "Der Jude hat (...) unsere Moral angefault, unsere Sitte unterhöhlt"[182]

(III) "Wo sah man sie denn je arbeiten und nicht vielmehr (...) schmarotzen und von dem Schweiß der anderen leben?"[183]

(IV) "Der Kurfürstendamm schreit lautheulend auf, wenn man einem dieser Blutsauger einmal auf die Hühneraugen tritt"[184]

(V) "Verlören wir ihn [den Krieg], so würden sich die (...) jüdischen Biedermänner plötzlich in reißende Wölfe verwandeln."[185]

(VI) "Wo er Unrat und Fäulnis wittert, da taucht er aus dem Verborgenen auf und beginnt sein verbrecherisches Schächtwerk an den Völkern. (...) sobald er im Besitz der Macht ist, predigt er Ruhe und Ordnung, um in Gemächlichkeit seinen Raub verzehren zu können."[186]

(VII) "Die Juden sind eine parasitäre Rasse"[187]

Manfred BEETZ weist in seiner Analyse der berüchtigten Sportpalastrede von 1943 auf den wirklichkeitskonstitutiven Effekt der von Goebbels gebrauchten Metaphern hin: "Die Metaphern legen Menschenbilder mit mörderischer Konsequenz fest. Die Animalisierung [vgl. o. a. Beispiele (II) - (VII)] und Diabolisierung der Juden [vgl. o. a. Beispiel (I)] soll Tötungshemmungen reduzieren".[188]

---

[181] Vgl. Kap. 2.1.6.
[182] *Judengegner*, 329.
[183] *Judengegner*, 330.
[184] *Gedächtniskirche*, 340.
[185] *Die Juden sind schuld!*, 88.
[186] *Judengegner*, 329.
[187] *Die Juden sind schuld!*, 88.
[188] Beetz: *Totalitäre Rhetorik*, 181.

2.4.2. Wort- und Redefiguren

2.4.2.1. Wortwiederholung

2.4.2.1.1. Polyptoton und Anadiplose

Anadiplose und Polyptoton als Formen figuraler Wortwiederholung können zur rhetorischen Belebung oder Steigerung von Aussagen eingesetzt werden. Während das Polyptoton in einer flexivisch variierten Wiederholung (zumeist von Nomina) besteht, werden bei der Anadiplose durch Reduplikation ein- und desselben Wortes zwei Sätze oder Satzteile an ihrer Schnittstelle miteinander verknüpft.[189]
Goebbels verwendet polyptotische Konstruktionen an zwei Stellen. In beiden Fällen dient ihm dabei die Wortwiederholung dazu, durch den jeweils zweiten (Teil-)Satz die Aussage des ersten (Teil-)Satzes zu verifizieren:

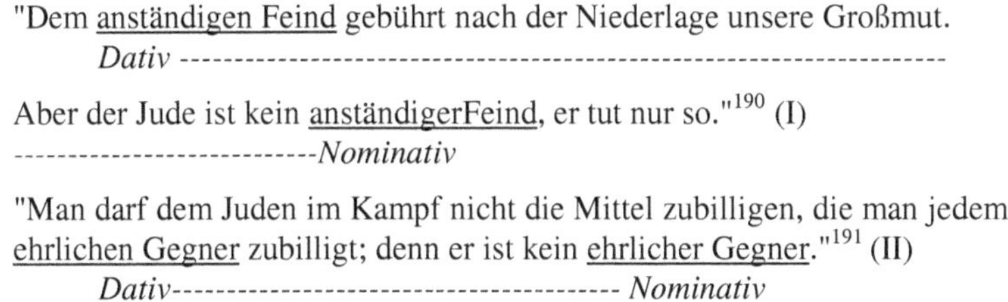
"Dem anständigen Feind gebührt nach der Niederlage unsere Großmut.
Dativ --
Aber der Jude ist kein anständigerFeind, er tut nur so."[190] (I)
----------------------------*Nominativ*

"Man darf dem Juden im Kampf nicht die Mittel zubilligen, die man jedem ehrlichen Gegner zubilligt; denn er ist kein ehrlicher Gegner."[191] (II)
Dativ-- *Nominativ*

In beiden Fällen wird zunächst eine allgemeine Aussage über diejenige Menge von Individuen getroffen, auf die das Prädikat "anständiger Feind" beziehungsweise "ehrlicher Gegner" zutrifft. Hernach wird durch Spezifikation auf die Juden klargestellt, daß diese der besagten Menge nicht angehören, woraus jeweils eine – im ersten Fall implizierte, im zweiten Fall explizierte – Konsequenz resultiert. Deutlich wird dies, wenn man (I) und (II) in eine Argumentstruktur übersetzt derart:

Gegeben: x – Individuum/Kollektiv
R' – einstellige Relation
a – Prädikatsausdruck "Großmut und bestimmte Mittel zugebilligt bekommen"

Prämisse 1: Für alle x gilt: $x \in M_{\text{anständige Feinde}}$ bzw. $x \in M_{\text{ehrliche Gegner}} \leftrightarrow R'_{a}\, x$

---

[189] Vgl. Lausberg: *Literarische Rhetorik*, §§619-622 und 640-648, sowie Görgemanns: *Tropen und Figuren*, Abs. 2.2.5 und 2.4.1.3.
[190] *Die Juden sind schuld!*, 91.
[191] *Jude*, 323.

Prämisse 2: Für x_{Jude} gilt: $x_{Jude} \notin M_{anständige\ Feinde} \wedge x_{Jude} \notin M_{ehrliche\ Gegner}$

Conclusio: Für x_{Jude} gilt: $\neg R'_a x_{Jude}$

Die polyptotische Konstruktion dient in (I) und (II) also jeweils dazu, ein (Pseudo-) Argument rhetorisch so zu verschleiern, daß es hinter dem Reiz seiner figuralen 'Tarnung' bei oberflächlicher Rezeption nicht unbedingt und direkt als solches zu erkennen ist. Die 'unumstößliche' Faktizität, die hier suggeriert wird, soll durch die Prägnanz und Griffigkeit ihres sprachlichen Gewands einen gewissermaßen axiomatischen Anstrich erhalten; die Geschliffenheit der Formulierung soll einer allzu kritischen Rezeption des Gesagten vorbeugen, so daß dessen argumentative Fragwürdigkeit möglichst nicht einmal ansatzweise infrage gestellt wird.

Dem Polyptoton verwandt, aber in der klassischen Theorie terminologisch von diesem unterschieden, ist die Figur nichtnominaler beziehungsweise verbaler Wortwiederholung[192], die bei Goebbels einmal epiphorisch und einmal anaphorisch-epiphorisch (Symploke) gebraucht wird:

> "Nicht Gott hilft. Wir müssen uns selbst helfen."[193] (III)
>
> "Euch hilft kein Gott und kein Teufel, wenn ihr euch nicht selbst helft."[194] (IV)

In beiden Fällen verfährt die flexivische Variation auf dem Wege einer Transformation des Verbs 'helfen' von der außersubjektiven 3. Person in eine appellative und synthetisierende Pluralform. In (IV) wird die 'deutsche Volksgemeinschaft' direkt angesprochen, in (III) integriert sich der Autor selbst in diese Gemeinschaft und spricht als deren selbstverständlicher Stellvertreter. (III) und (IV) ist dabei gemeinsam eine Synthetisierung der Adressatengruppe, zum einen durch die pluralische Ansprache und zum anderen durch die Reduktion ihrer etwaigen unterschiedlichen Interessen auf eine einzige (suggerierte) Notwendigkeit, nämlich die der dringend erforderlichen Selbsthilfe.[195]

---

[192] Vgl. Lausberg: *Literarische Rhetorik*, §648, sowie Görgemanns: *Tropen und Figuren*, Abs. 2.2.1-2.2.3.

[193] *Weltfeind*, 335.

[194] *Menschen*, 337.

[195] Im übrigen ist in (III) das Verb *helfen* inadäquat gebraucht. Als zweiwertiges Verb bedürfte es eigentlich eines Dativobjekts oder einer dativischen Satzergänzung, um seiner Valenz gemäß aussagekräftig zu sein. Im Satz "Nicht Gott hilft" wird es verwendet, als handele es sich bei ihm

Die Anadiplose tritt in den untersuchten Texten nur einmal auf:

> "'Der Jude ist doch auch ein Mensch.' (V.a) Gewiß, und niemand von uns hat das je bezweifelt. Wir bezweifeln nur, daß er ein anständiger Mensch ist. (V.b)"[196]

Ähnlich wie die polyptotischen Konstruktionen in den oben diskutierten Beispielen (I) und (II) dient die figurale Wortwiederholung in diesem Fall abermals der – in rhetorischem Sinne 'kunstvollen' – Verschleierung des Gesagten: Indem die beiden Sätze durch Wiederholung des Verbs "bezweifeln" in einen Sinnzusammenhang gerückt werden, wird zugleich eine inhaltliche Stringenz des in ihnen Behaupteten suggeriert, so daß "anständig" als ein Attribut erscheinen soll, das dem einzelnen Menschen oder Menschengruppen aufgrund einer – im Jasperschen Sinne 'metaphysischen' – Verbundenheit mit *allen* Menschen genuin zukomme. Somit wird versucht, über eine Diskrepanz zwischen den Maßgaben, nach denen in Satz (V.a) und Satz (V.b) die Juden jeweils beurteilt werden, hinwegzutäuschen: Während (V.a) von einer unweigerlichen Zugehörigkeit des Einzelmenschen bzw. einer Menschengruppe zum genuin Menschlichen ausgeht, wird in (V.b) die Zugehörigkeit der Juden zu einem differenzierten (und moralisierend begründeten) *Ausschnitt* aus der Gesamtheit aller Menschen als Kriterium gesetzt, um diese jeweilige Zugehörigkeit "nicht bezweifeln" bzw. infrage stellen zu können. Die Verwendung des einschränkenden Modalpartikels "nur" dient darüber hinaus der Verharmlosung dessen, was mit (V.a) und (V.b) eigentlich intendiert wird: Die Ausgrenzung der Juden aus dem Bereich des Menschlichen und damit aus der Sphäre eines gegenseitigen Verpflichtetseins aller Menschen, in bezug aufeinander verantwortungsvoll und 'menschlich' zu handeln.

---

um ein absolutes Verb. Aus dem Folgesatz ergibt sich jedoch, daß das Dativobjekt bewußt ausgelassen wurde, insofern die somit entstehende Leerstelle als eine Art syntaktisches Fragezeichen bereits auf das "uns" des Folgesatzes vorgreift. Das "uns" wird somit besonders hervorgehoben und die Beziehung zwischen den beiden Sätzen zu einer "wenn-dann"-Beziehung stilisiert ("Wenn Gott [uns] nicht hilft, [dann] müssen wir uns selbst helfen.").

196 *Judengegner*, 330.

2.4.2.1.2. Wortwiederholungen der Form 'x ist nicht x'

Eine besondere Art der Wiederholung von Worten oder sprachlichen Ausdrücken findet sich bei Goebbels in Phrasen der Form 'x ist nicht x' bzw. 'es gibt einen Unterschied zwischen x und x'. Dadurch, daß ein- und derselbe Ausdruck zu sich selbst in Widerspruch gesetzt wird, wird eine scheinbare Differenziertheit des diesem Ausdruck zugrundeliegenden Begriffs bzw. des durch diesen Ausdruck repräsentierten Wirklichkeitsausschnitts suggeriert, an die sich dann eine (Pseudo-)Argumentation anschließen läßt, die Goebbels' konsequente Ausgrenzungsbestrebungen gegenüber den Juden als hinreichend begründet erscheinen lassen soll:

(I) "Es gibt einen Unterschied zwischen Menschen und Menschen, genau wie es einen Unterschied zwischen Tieren und Tieren gibt. Wir kennen gute und böse Menschen, wie wir auch gute und böse Tiere kennen. Die Tatsache, daß der Jude noch unter uns lebt, ist kein Beweis dafür, daß er auch zu uns gehört, genau so wie der Floh ja auch nicht dadurch zum Haustier wird, daß er sich im Hause aufhält."[197]

(II) "Die sogenannte religiöse Moral des Juden ist keine religiöse Moral, sondern eine Anleitung zum Betrug."[198]

In (I) wird die Problematisierung des Ausdrucks "Mensch" durch Etablierung einer Analogiebeziehung zum Tierreich konstruiert. Der Ausdruck "Mensch" wird in diesem Zusammenhang 'problematisch' in dem Sinne, daß durch die Behauptung eines "Unterschied[s] zwischen Menschen und Menschen" implizit seine Adäquatheit zur Bezeichnung einer Klasse von Entitäten (Individuen) geleugnet wird. Der erste Satz aus (I) ließe sich demnach wie folgt paraphrasieren:

> "Diejenige Klasse von Individuen, die gemeinhin und pauschal mit 'Mensch' bezeichnet wird, ist in Wirklichkeit derart inhomogen, daß der Ausdruck 'Mensch' den in dieser Klasse konstatierbaren Unterschieden nicht gerecht wird (und zwar deshalb, weil es sich mit dem Ausdruck 'Tier' in bezug auf die Klasse aller Tiere in der Welt ebenso verhält)."

---

[197] *Die Juden sind schuld!*, 89.
[198] *Jude*, 323.

Folglich – nach den Gesetzen derjenigen Logik, die Goebbels' seinen Rezipienten hier anbietet – muß der Ausdruck "Mensch", um adäquat zu sein, um spezifizierende Adjektive ergänzt werden: Es gibt "*gute* und *böse* Menschen".

In (II) geht Goebbels umgekehrt vor: Anstatt die Adäquatheit des Ausdrucks "religiöse Moral" zur Bezeichnung einer bestimmten Klasse von Sachverhalten zu leugnen, leugnet er hier vielmehr die Tatsache, daß das, worin man im Handeln der Juden "religiöse Moral" zu erkennen glaube, in Wirklichkeit gar nicht zu der Klasse von Sachverhalten zu rechnen sei, die man gemeinhin mit dem Ausdruck "religiöse Moral" bezeichne; vielmehr sei der Ausdruck "religiöse Moral" nur die falsche Bezeichnung für das Bezeichnete, das eigentlich – um adäquat benannt zu sein – "Anleitung zum Betrug" heißen müsse. Diese Strategie Goebbels' in (II) zeigt sich bereits darin, daß der Ausdruck "religiöse Moral" bei seiner ersten Verwendung erwähnt gebraucht wird ("*sogenannte* religiöse Moral"), bei seiner Wiederholung dann aber nichterwähnt.[199]

An anderer Stelle schließlich bemüht sich Goebbels, dem Wunsch nach einer differenzierteren Bezeichnungs- bzw. Betrachtungsweise einer Klasse von Individuen von vorneherein zuvorzukommen, indem er erklärt, daß unter dem Gesichtspunkt ih-

---

[199] Die Redeweise von '*erwähnter* vs. *nichterwähnter* Verwendung sprachlicher Ausdrücke geht zurück auf eine philosophische Tradition, nach der zwei Instanzen der Verwendung sprachlicher Ausdrücke zu unterscheiden sind (etwa in Anschluß an TARSKI und WHITEHEAD/RUSSELL). In der einen Instanz, der sog. *Objektsprache*, werden sprachliche Ausdrücke gebraucht, um auf "Objekte" i.S.v. Gegenständen und Sachverhalten in der Welt bezug zu nehmen; in der anderen Instanz, der sog. *Metasprache*, wird ein sprachlicher Ausdruck 'erwähnt', um ihn selbst zum Gegenstand der Bezugnahme zu machen. Wird ein Ausdruck 'erwähnt' verwendet, so muß dies natürlich entsprechend indiziert werden, entweder durch eine Form der diakritischen Auszeichnung (z.B. durch Anführungszeichen – TARSKI unterscheidet beispielsweise die "Namen" der Objektsprache von den "Anführungsnamen" der Metasprache) oder durch einen entsprechenden (eindeutigen) Hinweis im Kontext der Äußerung, in deren Rahmen der betreffende Ausdruck 'erwähnt' verwendet werden soll (etwa im vorliegenden Beispiel durch Vorschaltung des Adjektivs "sogenannte"), so daß klar wird, daß es Goebbels darum geht, den Ausdruck "religiöse Moral" zunächst zu 'erwähnen', um ihn dann in einem weiteren Schritt durch Bezugnahme auf das, was gemeinhin unter "religiöser Moral" verstanden wird – diesmal unter 'nichterwähnter' Verwendung des Ausdrucks – als inadäquat zur Bezeichnung des Handelns der Juden herauszustellen. (Zur Differenzierung zwischen Objektsprache und Metasprache vgl. etwa A. Tarski: *Grundlegung der wissenschaftlichen Semantik.* In: *Actes du Congrès International de Philosophie Scientifique.* Bd. III. Paris 1935, 1-8, sowie ders., *Der Wahrheitsbegriff in den formalisierten Sprachen.* Lemberg 1935 (Studia Philosophica Commentarii Societatis philosophicae Polonorum I), Neudr. in: Karel Berka/Lothar Kreiser (Hrsg.), *Logik-Texte. Kommentierte Auswahl zur Geschichte der modernen Logik.* Berlin 1973, 445-559).

rer kollektiven Gegnerschaft alle Juden für den Deutschen als gleich anzusehen seien:

(III) "Es gibt keinen Unterschied zwischen Juden und Juden. Jeder Jude ist ein geschworener Feind des deutschen Volkes."[200]

2.4.2.2. Worthäufung: Epitheta

Bestimmte attributive Konstruktionen werden in der NS-Propaganda regelmäßig und in unveränderter Form verwendet. Das simpelste Beispiel hierfür ist die Adjektiv-Doppelung 'national-sozialistisch', die durch ihre beständige Reproduktion zu einem lexikalisierten Bestandteil der Sprache wird. Die ursprünglich eigenständigen Ausdrücke 'national' und 'sozialistisch' werden hierbei durch die Doppelung zunächst in einen (bis dahin nicht vorhandenen) Sinnzusammenhang gebracht, der durch seine stereotype Wiederholung schließlich auch einen Sachzusammenhang zwischen den beiden Begriffen postuliert beziehungsweise etabliert. VOLMERT spricht diesbezüglich von einer "lexikalischen Fusion" so zusammengebrachter Lexeme.[201] Durch die sich hieraus ergebende inhaltsseitige Korrelation zweier lexikalischer Einheiten wird die Doppelung schließlich redundant, das heißt (in bezug auf das Beispiel), der dem Lexem 'sozialistisch' zugrunde liegende Begriff wird durch die Vorgaben des Begriffs 'national' gefiltert, bis er mit diesem nahezu kompatibel ist, wodurch das mit dem Ausdruck 'national-sozialistisch' Gemeinte bereits durch den Ausdruck 'sozialistisch' in isolierter Verwendung assoziiert werden kann. Der Ausdruck 'nationalsozialistisch' wird somit zum Epitheton, insofern der Sachverhalt 'sozialistisch' einer näheren Spezifizierung durch das Attribut 'national' nicht mehr unbedingt bedarf, da diese Spezifizierung in ihm – zumindest konnotativ – bereits enthalten ist.[202]
Ähnlich verhält es sich mit Adjektiven, die als Attribute für Nomen gebraucht, durch ihre Wiederholung jedoch mit der Zeit stereotypisch werden und schließlich nur noch deskriptive und nicht mehr nur attributiv-spezifizierende Funktion erfüllen (*epitheton ornans*). Folgende Adjektiv-Nomen-Konstruktionen aus den untersuchten Texten sind als solcherlei Stereotypen im Rahmen der NS-Propaganda zu werten:

---

[200] *Die Juden sind schuld!*, 90.
[201] Volmert: *Politische Rhetorik*, 143.
[202] Zur Definition von Epitheta vgl. Görgemanns: *Tropen und Figuren*, Abs. 2.1.3.

"Die Juden genießen den Schutz des feindlichen Auslandes."[203]

"internationale Verschwörung"[204]

"das nationalsozialistische Deutschland"[205]

"deutsche Volksgemeinschaft"[206]

Bezeichnenderweise sind alle vier Beispiele aus dem Jahr 1941, als die totalitäre NS-Indoktrination bereits konsolidiert und ein fester Bestandteil des öffentlichen Lebens war. Die übrigen Texte, die sämtlich aus den Zwanziger Jahren stammen, weisen noch keine derartigen stereotypischen Versatzstücke auf, da die NS-Propaganda zu dieser Zeit noch nicht die Allgegenwärtigkeit besaß, die für eine effektive Etablierung von stereotypischer Begriffsmuster notwendigerweise gegeben sein muß.

2.4.2.3. Parallelismen

Die von Goebbels mit Vorliebe gebrauchte Wiederholung syntaktischer Muster[207] erfolgt in den vorliegenden Texten stets zur Akzentuierung antithetischer Aussagen. Durch die Synchronisation der Satzstrukturen von These und Antithese wird deren inhaltlicher Kontrast vor einem gleichbleibenden formalen Hintergrund realisiert:

> "Dieser Fehler zeugt zwar für unsere menschliche Anständigkeit und Großzügigkeit, nicht immer aber für unsere politische Einsicht und Klugheit."[208]
>
> "Keiner hat das Recht, auf eigene Faust zu handeln, aber jeder die Pflicht, die Maßnahmen des Staates gegen die Juden zu würdigen"[209]

Durch die Anbindung beider Satzteile an dasselbe Verb erfährt die antithetische Gegenüberstellung noch eine zusätzliche Betonung.

Als Paradebeispiel für parallelistisch-antithetischen Textaufbau kann der Anfang des Artikels *"Deutsche, kauft nur bei Juden!"* gelten, in welchem sechs Parallelkon-

---

[203] *Die Juden sind schuld!*, 91.

[204] *Die Juden sind schuld!*, 85.

[205] *Die Juden sind schuld!*, 85f.

[206] *Die Juden sind schuld!*, 86.

[207] Zur Definition von Parallelismus vgl. *DUDEN Grammatik*, §1428, sowie Görgemanns: *Tropen und Figuren*, Abs. 2.7.1.

[208] *Die Juden sind schuld!*, 89.

[209] *Die Juden sind schuld!*, 91.

struktionen zur Etablierung der dem Text zugrundeliegenden (zynischen) Ausgangshypothese aneinandergereiht werden:

> "Deutsche, kauft nur bei Juden!
>
> Warum? **[1]** Weil der Jude billig, aber schlecht, der Deutsche preiswert, aber gut verkauft.
>
> **[2]** Weil der Jude euch begaunert, der Deutsche dagegen euch redlich und ehrlich bedient. **[3]** Beim Juden könnt ihr allen Schund kaufen, beim Deutschen meist nur Spezial- und Qualitätsware.
>
> **[4]** Der Jude ist euer Blutsbruder, der Deutsche euer Volksfeind. **[5]** Der Jude schuftet für euch im Schweiße seines Angesichts, der Deutsche ist ein Faulenzer und ein Tunichtgut.
>
> **[6]** Der Jude stand mit euch vier Jahre lang Schulter an Schulter draußen an der Front und setzte sein Leben ein für Deutschlands Ruhm und Größe, der Deutsche drückte sich in der Etappe herum, saß in den Kriegsgesellschaften, schob in der Heimat."[210]

2.4.3. Gedankenfiguren

2.4.3.1. Personifikation

Das rhetorische Mittel der Personifikation kann als Sonderfall der Metapher angesehen werden, soll in dieser Untersuchung aber separat behandelt werden.
Die Vermenschlichung von Unbelebtem oder von Abstrakta erfolgt in den vorliegenden Texten unter zwei verschiedenen Gesichtspunkten:

a) zur Verlebendigung abstrakter Bedrohungen ("das Geld", "das Gold", "die Finanz" etc.), deren Abstraktheit somit auf dem Wege der Allegorie in einen physisch-greifbaren Zustand überführt wird und damit als konkrete Bedrohung begriffen werden kann:

> "Die internationale Welthochfinanz hat Besitz ergriffen von den Souveränitätsrechten des deutschen Volkes und ist nun im Begriff, sich (...) wohnlich einzurichten. (...) Sie [hat] sich daran gemacht, uns die lebenswichtigsten Organe Stück um Stück aus dem Staatskörper herauszuschneiden."[211]

---

[210] *Deutsche*, 331.
[211] *Weltfeind*, 333f.

"Mit ihrer Hilfe war es der Weltbörse möglich, das deutsche Volk zu enteignen."[212]

"Nun hat der Weltfeind die lebenswichtigsten Organe unseres Volkskörpers in seiner Hand."[213]

"Siegesmarsch des Goldes gegen das Blut"[214]

"Und während wir uns die Köpfe zerspalten (...), rüstet das Geld zum letzten Vernichtungsschlag gegen deutsches Arbeitertum"[215]

"Während man in den Parlamenten redet und debattiert (...), marschiert das Geld zielsicher und unbeirrt auf seinem Eroberungsfeldzug gegen die deutsche Arbeit vorwärts"[216]

b) zur Verlebendigung von Abstraktem ("Berlin") oder Unbelebtem ("die Gedächtniskirche", "der Kurfürstendamm") mit Zielrichtung auf eine emotionale Reaktion des Rezipienten:

"Wie ein stehengebliebener Anachronismus trauert sie [die Gedächtniskirche] zwischen den Cafés und Kabaretts"[217]

"Der Kurfürstendamm schreit lautheulend auf"[218]

"Das andere Berlin steht auf der Lauer, zum Sprung bereit."[219]

"Das ist nicht das wahre Berlin. Das sitzt anderswo und wartet und hofft und kämpft."[220]

2.4.3.2. Gleichnis

Vergleiche dienen in der Rhetorik zur Verdeutlichung des Gemeinten auf dem Wege der Konstruktion von Analogien zu anschaulichen, gemeinhin bekannten Sachver-

---

[212] *Weltfeind*, 334.
[213] Ebd.; dieses Bild ist analog zu Hitlers Vision von einem "germanischen Staat deutscher Nation" als "eine[s] völkischen Organismus" (*Mein Kampf*, 362).
[214] *Weltfeind*, 334.
[215] Ebd.
[216] *Weltfeind*, 335.
[217] *Gedächtniskirche*, 338.
[218] *Gedächtniskirche*, 340.
[219] Ebd.
[220] Ebd.

halten.[221] Ebenso wie bei der Metapher wird beim Gleichnis eine Beziehung zwischen auseinanderliegenden Sachbereichen aufgebaut. Im Unterschied zur Metapher wird beim Gleichnis jedoch klar darauf hingewiesen, daß es sich hierbei nur um eine fiktive Beziehung handelt.

Hermann SCHLÜTER weist darauf hin, daß Vergleiche gerade deshalb "zu den bevorzugten Mitteln der rhetorischen Dialektik gehören", "weil sie 'hinken'".[222] Da der jeweilige Vergleichsbereich stets unter dem Gesichtspunkt einer größtmöglichen Analogiefähigkeit zu dem, was damit 'beweisen' werden soll, ausgewählt wird, können Gleichnisse als geschickte Pseudoargumente eingesetzt werden.

Im folgenden soll zunächst an einem Beispiel aus dem Neuen Testament die Struktur eines prototypischen Gleichnisses aufgezeigt werden. Dem werden zwei Gleichnisse Goebbels' gegenübergestellt, um zu verdeutlichen, daß dieser sich derselben Struktur bedient (freilich jedoch zu gänzlich anderen Zwecken):

[**Aus der Bergpredigt:**]

"**[1]** Ihr seid das Licht der Welt. (...)	→	**[1:]**	*These* (= "Ihr Menschen seid die Hoffnung der Welt")
[2] Man zündet auch nicht ein Licht an und stülpt ein Gefäß darüber, sondern man stellt es auf den Leuchter; dann leuchtet es allen im Haus.	→	**[2:]**	*Vergleich* (Vergleich mit dem Licht einer Kerzenflamme, von dem implizit behauptet wird, sein Zweck sei der, zu leuchten)
[3] So soll euer Licht vor den Menschen leuchten, damit sie eure guten Werke sehen und euren Vater im Himmel preisen."[223]	→	**[3:]**	*Fazit* (Zusammenführung des Themas und des Vergleichs zu einer lehrreichen Schlußfolgerung; Bestätigung der These)

[**Goebbels I:**]

"**[1]** Wer deutsch denkt, muß den Juden verachten. Das eine bedingt das andere.	→	**[1:]**	*These*

[221] Zur Definition vgl. Görgemanns: *Tropen und Figuren*, Abs. 3.10, sowie Hermann Schlüter: *Grundkurs der Rhetorik. Mit einer Textsammlung*. München [13]1994 (1974), 45f.

[222] Schlüter: *Grundkurs der Rhetorik*, 46.

[223] *Mt. 5*, 14-16.

[2] Auch Christus sah einmal, daß man mit der Liebe nicht auskommt in allen Lebenslagen. Als er im Tempel auf die Jobber und Schieber stieß, da sagte er nicht: Kindlein, liebet einander!, sondern er nahm die Peitsche und trieb das Pack zum Tor hinaus.	→ [2:]	Vergleich (Vergleich der Einsicht Christi mit der Einsicht, zu der die Deutschen gelangen sollen und die in der These formuliert ist, wobei behauptet wird, daß Christus hierbei *tatsächlich* zu dem Schluß gekommen sei, "daß man mit der Liebe nicht auskommt"; Vergleich des Bekenntnisses zum Tempel des Herrn mit dem Bekenntnis zum deutschen Volk)
[3] Wir sind Judengegner, weil wir uns zum deutschen Volk bekennen."[224]	→ [3:]	Fazit (Bestätigung der These aus dem konstruierten Vergleich)

[Goebbels II:]

"[1] Wo war der Jude je nicht unser Feind und hätte uns nicht gehaßt und verfolgt und verleumdet und bespuckt? (...)	→ [1:]	These (= "Die Juden sind unser Feind")
[2] Das Kind, dessen Geburtstag wir so bald wieder in Freude begehen, kam in die Welt, um die Liebe zu bringen. Einmal aber mußte Christus, der Mann, einsehen lernen, daß man immer und überall mit der Liebe nicht auskommt. Als er im Tempel auf die jüdischen Börsen- und Warenschieber stieß, da ging er abseits, nahm eine Peitsche, brach hervor, ein rächender Gott, und schlug das Gesindel zum Tempel hinaus. (...)	→ [2:]	Vergleich (wie oben)
[3] – – –	→ [3]	Fazit (implizit)
[4] Je größer das Unrecht wird, das ihr dem eigenen Volk antut, um so eher kommt der Tag,	→ [4]	Konsequenz (= "Auch wir brauchen einen Christus,

[224] *Judengegner*, 331.

da auch unter uns ein Mann aufsteht, die Peitsche nimmt und alle Schieber zum Tempel unseres Vaterlandes hinausschlägt."[225]	der den Tempel unseres Vaterlandes (von den Juden) reinigt.")

Gleichnissen ist charakteristisch, daß die in ihnen enthaltene Analogiebeziehung konstruiert ist. Somit hat auch das im Zuge eines solchen Vergleichs gewonnene Fazit als konstruiert zu gelten. Da es sich beim Vergleich jedoch stets um eine allgemein bekannte Gegebenheit oder Begebenheit mit klarem Sachverhalt handelt, wird das, was mit ihm 'bewiesen' werden soll, als ebenso klarer wie unanfechtbarer Sachverhalt suggeriert.

[225] *Deutsche*, 333.

3. Zusammenfassung

Der Titel dieser Arbeit *"Totalitäre Sprache und textuelle Konstruktion von Welt"* läßt eine Lesart zu, die einen Zusammenhang der beiden darin benannten Untersuchungsgegenstände proponiert. In der Formulierung der Ausgangsfragestellung meiner Analyse der Goebbelsschen Texte habe ich ebenfalls anzudeuten versucht, daß in der NS-Propaganda diese beiden Gegenstände zusammenwirken: *Wie* (mit welchen Mitteln) versucht Goebbels eine textuelle (Um-)Konstruktion von Welt und *wie* (mit welchen Mitteln) versucht er, eine Übernahme dieser von ihm etablierten Weltansicht seinen Rezipienten 'aufzuzwingen'?
Abschließend sollen daher zunächst die aus der Analyse gewonnenen Ergebnisse in Hinblick auf die beiden Gegenstände *"Textuelle Konstruktion von Welt"* und *"Totalitäre Sprache"* im einzelnen skizziert werden. Anschließend soll versucht werden, diese beiden Gegenstände in Hinblick auf ihre Wirkungsweise und auf die grundlegenden Stoßrichtungen nationalsozialistischer Propaganda an sich zueinander in Beziehung zu setzen und eine Aussage zu treffen darüber, warum gerade in Propagandatexten wie denen Goebbels' der Versuch einer textuellen Konstruktion von Welt sich paart mit einem sprachlichen Totalitarismus.

3.1. Textuelle Konstruktion von Welt

Goebbels' Intention und Vorgehensweise bei der (Um-)Konstruktion der Weltansicht seiner Rezipienten läßt sich in vier Punkten zusammenfassen:

1. Lexikalische Entgegensetzung und damit Etablierung semantischer Kontraste;
2. Weitestmögliche Polarisierung des Entgegengesetzten entlang komplementärer Sinndimensionen, wobei stets der eine Pol negativ und der andere Pol positiv besetzt wird;
3. somit Konstruktion eines auf einfachste Schwarz-Weiß-Schemata reduzierbaren Erkenntnisrasters, innerhalb dessen die dargestellten Weltausschnitte (Menschen, Sachverhalte, Gegebenheiten) problemlos zugewiesen werden können;

4. somit Vorgabe einer die komplexe Wirklichkeit in simple Dichotomien auflösenden Möglichkeit der Welterzeugung. Übernehmen die Rezipienten diese Möglichkeit als Erklärungs- und Erkenntnismodell, so werden sie und ihr Verhalten für den Produzenten kalkulierbar, auch hinsichtlich möglicher Reaktionen auf dessen weitere Absichten. (Zur Verdeutlichung sei hier noch einmal eine einschlägige Passage aus *"Der Jude"* angeführt und dieser Ulrich NILLs bereits zu eingangs zitierte Äußerung über den weltkonstruktiven Aspekt der NS-Propagandasprache gegenübergestellt:

   GOEBBELS: "Der Wert eines deutschen Menschen oder einer deutschen Bewegung steigt mit der Gegnerschaft des Juden. Wird jemand vom Juden bekämpft, so spricht das absolut für ihn. Wer nicht vom Juden verfolgt oder gar von ihm gelobt wird, der ist nutzlos und schädlich."[226]

   → NILL: "eine 'Welt' entsteht, in der das Töten jüdischer Frauen und Kinder nicht im Gegensatz zu Anstand und Ehre steht, sondern diese womöglich noch erhöht"[227])

Die (lexikalisch-semantischen, grammatikalischen, rhetorischen und pseudoargumentativen) Mittel, derer sich Goebbels hierzu bedient, sind, wie die Untersuchung gezeigt hat, vielfältig, z. B.:

- Suggerierung einer Weltverschwörung gegen 'die deutsche Volksgemeinschaft' und Benennung des 'jüdischen Feindes' als deren Urheber.
- Variantenreiche Konstruktion von Bezügen zwischen dem 'jüdischen Feind' und Sach- beziehungsweise Bildbereichen, die negative Konnotationen und emotionale Abwehrreaktionen auf diesen zulassen.
- Ausgrenzung des 'jüdischen Feindes' aus dem menschlichen Bereich durch Etablierung semantischer Zusammenhänge zu Bereichen des Unbelebten oder Lebensfeindlichen.
- Unterdrückung des individualistischen Merkmals bei '<u>dem</u> Juden' durch Kollektivierung beziehungsweise Ent-Individualisierung.

(etc.)

---

[226] *Jude*, 323.
[227] Nill: *Sprache der Gegenaufklärung*, 6.

3.2. Totalitäre Sprache

Bei der Sprache Goebbels' (bzw. der NS-Propaganda) handelt es sich um eine Sprache, deren Zielsetzung außerhalb des rational Nachvollziehbaren liegt: Sie will ihren Rezipienten weder überreden noch überzeugen, sondern vielmehr überwältigen. Dies beweist zum einen ihre Fixierung auf (zumeist nominal repräsentierte) Begriffe von griffiger Bildhaftigkeit und zum anderen die auffällig häufig vollzogene (stilistische oder rhetorische) Verschleierung oder "propositionale Reduktion"[228] von Argumenten. Der Rezipient soll vor vorgefertigte, bildhaft-plastische Exemplifizierungen und vollendete Tatsachen gestellt werden und diesen einen Status 'objektiver' Gültigkeit zuerkennen. Der autoritäre, fast arrogante Sprachduktus, durch welchen Goebbels' oft abenteuerliche Propositionen bisweilen zu lehrsatzartigen Schulbuchweisheiten gedeihen, trägt dazu nicht unerheblich bei. Die Lüge wird somit in den Rang einer unumstößlichen und allgemein zu akzeptierenden Gewißheit erhoben und die etwaige Frage nach ihrem Wahrheitsgehalt umzulenken versucht in eine Bestätigung dieser 'Gewißheit'. Die konsequente Abbildung totalitärer Ideologie in sprachliche Strukturen läßt somit auch den Sprachgebrauch als solchen als 'totalitär' erscheinen, indem dieser durch die Art seiner Darstellung dem Rezipienten jede Möglichkeit versagt, sich dem Ausgesagten, Deklarierten, Suggerierten und Simulierten zu entziehen, es sei denn, der Rezipient setzt sich über die ideologisch geprägten Strukturen, in welchem dies Gesagte seine Gestalt und seinen Sinn gewinnt, hinweg.

Ein weiteres Paradigma totalitärer Sprache liegt in der beinahe zwanghaft anmutenden Überstrapazierung möglicher Gradationsmittel: Alles, was als positiv gewertet wird beziehungsweise als positiv dargestellt werden soll, erfährt eine höchstmögliche Steigerung. Selbst Superlativ beziehungsweise Elativ scheinen Goebbels bisweilen zur Zuerkennung eines Höchstmaßes an Qualität nicht auszureichen. Durch solcherlei gradative Nonplusultren wird eine Art und Weise der Akzentuierung etabliert, die einer Größenordnung verpflichtet ist, die an die Grenzen prädikativer Steigerung rührt und somit (wie übrigens auch der Gebrauch der Adjektive 'historisch' und 'geschichtlich') einen Anspruch zeitenthobener Bedeutsamkeit postuliert und in das verworrene Dunkel eines mythenhaft-übersteigerten Selbst- und Sendungsbewußt-

[228] Konrad Ehlich: *Über den Faschismus sprechen – Analyse und Diskurs.* In: Ders. (Hrsg.): *Sprache im Faschismus.* Frankfurt/M. ^{3}1995 (1989), 22.

seins weist. Umgekehrt erfährt auch das, was als negativ dargestellt wird, eine solche gradative Übersteigerung.
Totalitäre Sprache ist zudem nur einseitig kommunikativ und insofern indoktrinär, da dem Rezipienten keinerlei Mündigkeit mehr zugestanden wird. Er soll – ähnlich wie in der Redeinszenierung und Selbstdarstellung der NS-Rhetoren vor großem Publikum – lediglich mitgerissen werden und dabei am besten in eine Art zustimmender Euphorie verfallen, die nicht mehr denkt (weil sie nicht denken *soll)*, sondern nur noch 'aus dem Bauch heraus' gesteuert wird. Dies zeigt die bereits benannte Arroganz lehrsatzhafter Formulierungen ebenso wie die Abwertung des Satzes als Propositionsträger zugunsten einer monumentalistischen nominalen Bildsprache ('Vokabelmusik'[229]), die ihre Aussagen nur noch aus einem bloßen Benennen gewinnt.

3.3. Totalitäre Sprache und textuelle Konstruktion von Welt

Eine Propaganda im Sinne Hitlers sieht in ihrer Adressatengruppe nichts anderes als ein den eigenen egomanen Interessen im Wege stehendes potentielles Hindernis. Folglich muß dieses potentielle Hindernis als Risikofaktor ausgeschaltet und so weit als möglich umfunktioniert werden zu einem die eigenen Absichten durch "passive Anerkennung"[230] tolerierenden Hilfsmittel. Hierzu muß die Adressatengruppe zuallererst ihrer Inhomogenität beraubt und zu einem berechenbaren Kollektiv umgeformt werden. Dies soll geschehen auf dem Wege einer Korrumpierung der "Gesamtheit" mit einer durch die Propaganda transportierten, Identifikationsmöglichkeiten bietenden und somit identitätsstiftenden "Idee":

> "Die Propaganda bearbeitet die Gesamtheit im Sinne einer Idee und macht sie reif für die Zeit des Sieges dieser Idee"[231]

Um den "Sieg dieser Idee" auch tatsächlich gewährleisten zu können, muß die Propaganda in Erscheinungsform und Vorgehensweise absolut konsequent und hermetisch sein. Sie darf dem Adressaten keinerlei Zugeständnisse machen, sondern muß

---

[229] Vgl. Polenz: *Geschichte der deutschen Sprache*, 172.
[230] Hitler: *Mein Kampf*, 652.
[231] Hitler: *Mein Kampf*, 653.

von Anfang an die Eliminierung von dessen weltanschaulich-kritischer Selbständigkeit im Auge behalten. Um effektiv zu sein, muß sie also totalitär sein:

> "Der Sieg einer Idee wird um so eher möglich sein, je umfassender die Propaganda die Menschen in ihrer Gesamtheit bearbeitet hat (...). Wenn die Propaganda ein ganzes Volk mit einer Idee erfüllt hat, kann die Organisation mit einer Handvoll Menschen die Konsequenzen ziehen. (...) Je besser die Propaganda gearbeitet hat, um so kleiner kann die Organisation sein"[232]

Da das wichtigste Mittel der Propaganda – etwa in ihrer schriftlichen Form wie in den vorliegenden Texten – die Sprache ist, muß also die Sprache ebenso arrogant und totalitär in Erscheinung treten, um den Erfolg der Propaganda zu gewährleisten. Erst eine totalitäre Sprache ermöglicht eine Konstruktion von Welt beziehungsweise die Etablierung einer konstruierten Weltansicht als einer "Idee", die "ein ganzes Volk (...) erfüllt".

Weitergehende Studien über das Verhältnis von Sprache und Herrschaft beziehungsweise die Bedeutung von Sprache als Instrument einer zielgerichteten Erzeugung von Weltansicht kommen nicht aus, ohne – gerade in Hinblick auf die nationalsozialistische Propaganda – diesen Aspekt einer gegenseitigen Bedingung von (totalitärer) Sprache und textueller Konstruktion von Welt zu berücksichtigen.

M.-A. v. Schirmeister gibt 1943 im Vorwort einer von ihm herausgegebenen Sammlung der Reden und Aufsätze Joseph Goebbels' aus den Jahren 1941/42[233] Auskunft darüber, worin seiner Ansicht nach das "Geheimnis" bestünde, "das so viele in der Propaganda von Dr. Goebbels suchen und wittern"[234]:

> "Es ist wirklich ein besonderes Vertrauensverhältnis [zum deutschen Volk], das in der offenen Behandlung aller aktuellen Tagesfragen in allwöchentlichen Artikeln seinen Ausdruck findet. Dr. Goebbels hat von jeher den Standpunkt vertreten, daß das deutsche Volk alles erfahren kann, daß es alles versteht und alles verträgt und daß man ihm deshalb auch nichts zu verheimlichen braucht, wenn man ihm die Dinge nur richtig erklärt."[235]

---

[232] Hitler: *Mein Kampf*, 653f.

[233] Dieser Sammlung entstammt der in dieser Arbeit untersuchte Text *"Die Juden sind schuld!"*.

[234] A.-M. v. Schirmeister: *Das eherne Herz* (Vorwort). In: Joseph Goebbels: *Das eherne Herz. Reden und Aufsätze aus den Jahren 1941/42*. München: Zentralverlag der NSDAP 1943, 11.

[235] Schirmeister: *Das eherne Herz*, 12.

Dem Volk alles "richtig" erklären zu wollen – 'richtig' im Sinne der Stoßrichtung einer Propaganda, die nach Hitler "ein ganzes Volk mit einer Idee [zu] erfüll[en]" und insofern anhand einer wohlauskalkulierten Instrumentalisierung sprachlicher Mittel ihren Rezipienten eine und *nur eine* Weltansicht zu indoktrinieren habe – kann anhand der im Rahmen der vorliegenden Untersuchung gewonnenen Ergebnisse zweifelsohne als das maßgebliche Anliegen Goebbels' konstatiert werden. Die Implikationen des von Schirmeister in diesem Zusammenhang gebrauchten Attributs 'richtig' werden transparent in zahlreichen nicht-öffentlichen Äußerungen Goebbels' über die Notwendigkeit von gezielter Desinformation und Manipulation der öffentlichen Meinung, etwa in nachfolgender Passage aus einer Ansprache vor Offizieren aus dem Jahre 1943, in welcher er die Legitimation einer informationspolitischen 'Führung' der Massen aus der "Zweckmäßigkeit" begründet:

> „Die Nachrichtenpolitik ist natürlich den Geboten der Zweckmäßigkeit unterworfen, und es handelt sich auch hier darum, zu bestimmen, 'was ist im Augenblick das günstige, das Erfolg versprechende?' Denn die *reine, klare* Wahrheit über den Krieg kann ja heute überhaupt *niemand* feststellen, weil niemand in der Lage ist, in die Kriegsmaschinerie weiter Teile hineinzuschauen. Die reine Wahrheit werden wir erst nach dem Krieg, und wahrscheinlich einige Jahrzehnte nach dem Kriege, erfahren. Wir müssen also jetzt versuchen, mit der Zweckmäßigkeit weiterzukommen. Es ist nun einmal so, daß die Führenden – sei es nun Führende auf dem militärischen oder sei es Führende auf dem wirtschaftlichen oder politischen Sektor – mehr wissen als die breiten Massen. Das ist ja nun aber das Charakteristikum der 'Führung'."[236]

Dieserlei Argumentation erinnert stark an das radikalpragmatische Konzept MACHIAVELLIS, nach dem das "acquistare e mantenere lo stato" – die Erringung und Aufrechterhaltung der Macht um jeden Preis – zum obersten Prinzip erhoben wird, dem sich alles andere – Moral, Ethik, Loyalität – unterzuordnen und in Dienst zu stellen habe: Alleiniges Kriterium für die Beurteilung der Handlungen einer Staatsführung sei die Frage, inwieweit diese Handlungen den Geboten einer so definierten

---

[236] Zit. n.: *Reden in bewegten Zeiten. Deutschland 1919-1949. Redebilanz.* Hrsg. v. Kaevan Gazdar. Henstedt 1990 (Cassettenedition).

Zweckmäßigkeit zu genügen imstande seien.[237] Unter der Perspektive dieses machiavellischen Prinzips und in Hinblick auf Goebbels' oben angeführte Äußerung sowie in Hinblick auf Hitlers Konzept einer effizienten Öffentlichkeitsarbeit läßt sich das Kriterium, nach dem Schirmeister das qualifizierende Adjektiv 'richtig' auf Goebbels' Propaganda anwendet, in etwa wie folgt paraphrasieren:

> "Als 'richtig' hat die Information des Volkes dann zu gelten, wenn die Art und Weise, *wie* diese Information dargeboten wird, davon geleitet ist, demjenigen, der diese Information darbietet, zu seinen Zwecken – der Gewinnung oder Erhaltung von Macht – dienlich zu sein und somit die Meinung des Volkes dahingehend zu lenken, daß sie diesen eigenen Zwecken entweder dienstbar gemacht werden kann oder ihnen zumindest nicht als potentielles Hindernis entgegen steht."

Die in dieser Arbeit vorgelegten Texte und die an ihnen vorgenommenen Analysen sollten ermöglichen, dieses Grundanliegen der Goebbelsschen Propaganda transparent zu machen sowie ihre Verfahrensweise (die gezielte textuelle Konstruktion von Welt) und ihre Mittel (die verschiedenen Formen eines totalitären Gebrauchs von Sprache) zu verdeutlichen.

---

[237] Vgl. Niccolò Machiavelli: *Il Principe. Der Fürst.* Italienisch/Deutsch. Übers. u. hrsg. v. Philipp Rippel. Stuttgart 1986.

4. Literaturangaben

1. Quellen

1.1. Aufsätze von Joseph Goebbels (chronologisch)

[In eckigen Klammern folgt nach der Bibliographie der einzelnen Titel die Angabe des Kurztitels, unter welchem der jeweilige Text in den Fußnoten zitiert wurde]

GOEBBELS, Joseph: *Prozesse* (11. Juli 1927). In: Ders.: *Der Angriff. Aufsätze aus der Kampfzeit.* München: Zentralverlag der NSDAP ^{2}1935, 324-326. [*Prozesse*]

GOEBBELS, Joseph: *Menschen, seid menschlich!* (28. November 1927). In: Ders.: *Der Angriff. Aufsätze aus der Kampfzeit.* München: Zentralverlag der NSDAP ^{2}1935, 336-338. [*Menschen*]

GOEBBELS, Joseph: *Rund um die Gedächtniskirche* (23. Januar 1928). In: Ders.: *Der Angriff. Aufsätze aus der Kampfzeit.* München: Zentralverlag der NSDAP ^{2}1935, 338-340. [*Gedächtniskirche*]

GOEBBELS, Joseph: *Der Weltfeind* (19. März 1928), in: Ders.: *Der Angriff. Aufsätze aus der Kampfzeit.* München: Zentralverlag der NSDAP ^{2}1935, 333-335. [*Weltfeind*]

GOEBBELS, Joseph: *Warum sind wir Judengegner?* (30. Juli 1928). In: Ders.: *Der Angriff. Aufsätze aus der Kampfzeit.* München: Zentralverlag der NSDAP ^{2}1935, 329-331. [*Judengegner*]

GOEBBELS, Joseph: *Deutsche, kauft nur bei Juden!* (10. Dezember 1928). In: Ders.: *Der Angriff. Aufsätze aus der Kampfzeit.* München: Zentralverlag der NSDAP ^{2}1935, 331-333. [*Deutsche*]

GOEBBELS, Joseph: *Der Jude* (21. Januar 1929). In: Ders.: *Der Angriff. Aufsätze aus der Kampfzeit.* München: Zentralverlag der NSDAP ^{2}1935, 322-324. [*Jude*]

GOEBBELS, Joseph: *Knorke!* (28. Januar 1929). In: Ders.: *Der Angriff. Aufsätze aus der Kampfzeit.* München: Zentralverlag der NSDAP ^{2}1935, 326-328. [*Knorke!*]

GOEBBELS, Joseph: *Die Juden sind schuld!* (16. November 1941). In: Ders.: *Das eherne Herz. Reden und Aufsätze aus den Jahren 1941/42.* München: Zentralverlag der NSDAP 1943, 85-91. [*Die Juden sind schuld!*]

1.2. Sonstige Quellen

GOEBBELS, Joseph: *Kampf um Berlin.* München: Zentralverlag der NSDAP [14]1938.

Die Tagebücher von Joseph Goebbels. Sämtliche Fragmente. Hrsg. v. Elke Fröhlich im Auftrag des Instituts für Zeitgeschichte in Verbindung mit dem Bundesarchiv. Teil I: Aufzeichnungen 1924-1941. München/New York/London/Paris 1987.

HITLER, Adolf: *Mein Kampf.* München: Zentralverlag der NSDAP [646-650]1942 (Bd.1: 1924/Bd.2: 1928).

Reden in bewegten Zeiten. Deutschland 1919-1949. Redebilanz. Hrsg. v. Kaevan Gazdar. Henstedt 1990 (Cassettenedition).

ROSENBERG, Alfred: *Der Mythus des 20. Jahrhunderts. Eine Wertung der seelisch-geistigen Gestaltenkämpfe unserer Zeit.* München [3]1932.

SCHIRMEISTER, M.-A. v.: *Das eherne Herz* (Vorwort). In: Joseph Goebbels: *Das eherne Herz. Reden und Aufsätze aus den Jahren 1941/42.* München: Zentralverlag der NSDAP 1943, 9-16.

WISLICENY, Dieter (SS-Hauptsturmführer): *Vom "Madagaskar-Plan" bis zur "Endlösung" (Bericht, 1946).* In: Léon Poliakov/Joseph Wulf: *Das Dritte Reich und die Juden.* Berlin 1955 (Neudr. Wiesbaden 1989), 87-98.

2. Literatur

ADAM, Uwe Dietrich: *Judenpolitik im Dritten Reich.* Düsseldorf 1972 (Tübinger Schriften zur Sozial- und Zeitgeschichte 1).

Art. "Propaganda, nationalsozialistische". In: Israel Gutman (Hrsg.): *Enzyklopädie des Holocaust.* Hrsg. v. Eberhard Jäckel/Peter Longerich/Julius H. Schoeps. Bd. II. Berlin 1993 (Tel Aviv 1990), 1163-1165.

BEETZ, Manfred: *Totalitäre Rhetorik und Konstruktivismus. Zu Goebbels' Proklamation des totalen Krieges im Berliner Sportpalast am 18. Februar 1943.* In: Albert F. Herbig (Hrsg.): *Konzepte rhetorischer Kommunikation.* St.Ingbert 1995 (Sprechen und Verstehen. Schriften zur Sprechwissenschaft und Sprecherziehung 7), 171-208.

BLACK, Max: *Mehr über die Metapher.* In: Anselm Haverkamp (Hrsg.): *Theorie der Metapher.* Darmstadt 1983, 379-413.

BRACKMANN, Karl-Heinz/Renate Birkenhauer: *NS-Deutsch. "Selbstverständliche" Begriffe und Schlagwörter aus der Zeit des Nationalsozialismus.* Straelen 1988 (Glossar Nr. 4 des Europäischen Übersetzer-Kollegiums Straelen).

BRAMSTED, Ernest K.: *Goebbels und die nationalsozialistische Propaganda 1925-1945.* Frankfurt/M. 1971.

BÜNTING, Karl-Dieter/Henning Bergenholtz: *Einführung in die Syntax. Grundbegriffe zum Lesen einer Grammatik.* Frankfurt [2]1989 (1979).

CRUSE, Alan: *Lexical Semantics.* Cambridge 1987 (1986).

DEBATIN, Bernhard: *Die Rationalität der Metapher. Eine sprachphilosophische und kommunikationstheoretische Untersuchung.* Berlin/New York 1995.

DUDEN Bd. 4 "Grammatik der deutschen Gegenwartssprache". Hrsg. u. bearb. von Günther Drosdowski in Zusammenarbeit mit Peter Eisenberg et al.. Mannheim/Leipzig/Wien/Zürich [5]1995.

EHLICH, Konrad (Hrsg.): *Sprache im Faschismus.* Frankfurt/M. [3]1995 (1989).

EHLICH, Konrad: *Über den Faschismus sprechen – Analyse und Diskurs.* In: Ders. (Hrsg.): *Sprache im Faschismus.* Frankfurt/M. [3]1995 (1989), 7-34.

FEST, Joachim C.: *Hitler*. Berlin/Frankfurt 1973 (ND Berlin/Frankfurt 1995).

FRIND, Sigrid: *Die Sprache als Propagandainstrument des Nationalsozialismus*. In: *Muttersprache 76*. 1966, 129-135.

FRIEDLÄNDER, Saul: *Vom Antisemitismus zur Ausrottung*. In: Eberhard Jäckel/Jürgen Rohwer (Hrsg.): *Der Mord an den Juden im Zweiten Weltkrieg. Entschlußbildung und Verwirklichung*. Stuttgart 1985, 18-60.

GÖRGEMANNS, Herwig: *Tropen und Figuren. Die wichtigsten Begriffe aus der traditionellen Theorie*. Heidelberg: Seminar für Klassische Philologie [12]1995.

HERMANNS, Fritz: *Schlüssel-, Schlag- und Fahnenwörter. Zu Begrifflichkeit und Theorie der lexikalischen "politischen Semantik"*. Mannheim 1994 (Arbeiten aus dem Sonderforschungsbereich 245 "Sprache und Situation", Heidelberg/Mannheim. Bericht Nr. 81).

HÖVER, Ulrich: *Joseph Goebbels – ein nationaler Sozialist*. Bonn/Berlin 1992.

JASPERS, Karl: *Antwort an Sigrid Undset (1945)*. In: Ders.: *Rechenschaft und Ausblick. Reden und Aufsätze*. München 1951, 152-158.

JASPERS, Karl: *Die Schuldfrage. Von der politischen Haftung Deutschlands*. Heidelberg/Zürich 1946 (Neudr. München [2]1996).

JASPERS, Karl: *Die Sprache*. In: Ders.: *Die Sprache. Über das Tragische*. München 1947 (Neudr. München 1990), 11-84.

KLEMPERER, Victor: *Die unbewältigte Sprache. Aus dem Tagebuch eines Philologen "LTI"*. Leipzig 1946 (Neudr. Darmstadt o.J.).

KRUPP, Friedrich: *Führung und Verführung durch Sprache. Kritische Reflexionen zur Magie der Wörter*. Köln 1992.

LAUSBERG, Heinrich: *Handbuch der literarischen Rhetorik. Eine Grundlegung der Literaturwissenschaft*. Stuttgart [3]1990.

LONGERICH, Peter: *Nationalsozialistische Propaganda*. In: Karl Dietrich Bracher/Manfred Funke/Hans-Adolf Jacobsen (Hrsg.): *Deutschland 1933-1945. Neue Studien zur nationalsozialistischen Herrschaft*. Düsseldorf 1992 (Berliner Schriften zur Politik und Zeitgeschichte 23), 291-314.

LYONS, John: *Semantics 1*. Cambridge 1979 (1977); dt.: München 1980.

MACHIAVELLI, Niccolò: *Il Principe. Der Fürst.* Italienisch/Deutsch. Übers. u. hrsg. v. Philipp Rippel. Stuttgart 1986.

MANN, Thomas: *Achtung, Europa!* In: Ders.: *Achtung, Europa! Essays 1933-1945.* Frankfurt/M. 1995, 147-160.

MINNERUP, Willi: *Pressesprache und Machtergreifung am Beispiel der Berliner* Germania. In: Konrad Ehlich (Hrsg.): *Sprache im Faschismus.* Frankfurt/M. [3]1995 (1989), 198-236.

MÖLLER, Horst: Weimar: *Die unvollendete Demokratie.* München [5]1994 (1985).

MÜLLER, Beat Louis: *Der Satz. Definition und sprachtheoretischer Status.* Tübingen 1985 (Reihe Germanistische Linguistik 57).

NILL, Ulrich: *Sprache der Gegenaufklärung. Zu Funktion und Wirkung der Rhetorik im Nationalsozialismus.* In: Joachim Dyck/Walter Jens/Gert Ueding (Hrsg.): *Rhetorik. Ein internationales Jahrbuch. Bd. 16: Rhetorik des Nationalsozialismus.* Tübingen 1997, 1-8.

PIEPER, Ursula: *[+ANIM, –HUMAN, ...] = 'MENSCH': Tierische Metaphern.* In: Ursula Pieper/Gerhard Stickel (Hrsg.): *Studia Linguistica Diachronica et Synchronica. Werner Winter Sexagenario anno MCMLXXXIII gratis animis ab eius collegis, amicis discipulisque oblata.* Berlin/New York/Amsterdam 1985, 635-656.

POLENZ, Peter von: *Geschichte der deutschen Sprache.* Erw. Neubearb. d. früheren Darst. von Hans Sperber. Berlin/New York [9]1978 (1977).

REUTH, Ralf Georg: *Goebbels.* München/Zürich [2]1991 (1990).

SCHLÜTER, Hermann: *Grundkurs der Rhetorik. Mit einer Textsammlung.* München [13]1994 (1974).

SCHULZE, Hagen: *Weimar. Deutschland 1917-1933.* Berlin [4]1994 (1982).

SOMMERFELDT, Karl-Ernst: *Zum Verhältnis von Lexik und Grammatik. Die Rolle lexikalischer Mittel bei der Gradation.* In: *Sprachpflege 36.* 1987, 130-132.

STEIN, Peter: *Die NS-Gaupresse 1925-1933. Forschungsbericht – Quellenkritik – neue Bestandsaufnahme.* München/New York/London/Oxford/Paris 1987 (Dortmunder Beiträge zur Zeitungsforschung 42).

SUSCINSKIJ, I. I.: *Die Steigerungsmittel im Deutschen.* in: *Deutsch als Fremdsprache 22* (1985), 95-100.

TARSKI, A.: *Grundlegung der wissenschaftlichen Semantik.* In: *Actes du Congrès International de Philosophie Scientifique.* Bd. III. Paris 1935, 1-8.

TARSKI, A.: *Der Wahrheitsbegriff in den formalisierten Sprachen.* Lemberg 1935 (Studia Philosophica Commentarii Societatis philosophicae Polonorum I) (Neudr. in: Karel Berka/Lothar Kreiser: *Logik-Texte. Kommentierte Auswahl zur Geschichte der modernen Logik.* Berlin 1973, 445-559).

TUTAS, Herbert E.: *NS-Propaganda und deutsches Exil 1933-39.* Worms 1973 (Reihe Deutsches Exil 1933-45).

VOLMERT, Johannes: *Politische Rhetorik des Nationalsozialismus.* In: Konrad Ehlich (Hrsg.): *Sprache im Faschismus.* Frankfurt/M. [3]1995 (1989), 137-161.

WITTGENSTEIN, Ludwig: *Philosophische Untersuchungen.* In: Ders.: *Werkausgabe Band I.* Frankfurt/M. [11]1997 (1984), 225-580.

Anhang:

Textsammlung

1. *Der Jude* (21. Januar 1929)
2. *Prozesse* (11. Juli 1927)
3. *Knorke!* (28. Januar 1929)
4. *Warum sind wir Judengegner?* (30. Juli 1928)
5. *Deutsche, kauft nur bei Juden!* (10. Dezember 1928)
6. *Der Weltfeind* (19. März 1928)
7. *Menschen, seid menschlich!* (28. November 1927)
8. *Rund um die Gedächtniskirche* (23. Januar 1928)
9. *Die Juden sind schuld!* (16. November 1941)

Die Seitenzählung entspricht jeweils den Originalausgaben, die auch für die Verweisangaben der vorliegenden Arbeit als maßgeblich zugrundegelegt wurden.

Der Jude

Über alle Fragen wird in Deutschland offen diskutiert, und jeder Deutsche nimmt für sich das Recht in Anspruch, sich in allen Fragen so oder so zu entscheiden. Der eine ist Katholik, der andere Protestant, der eine Arbeitnehmer, der andere Arbeitgeber, der Kapitalist, der Sozialist, der Demokrat, der Aristokrat. Eine Festlegung nach dieser oder jener Seite hat für den Zeitgenossen nichts Entehrendes an sich. Sie geschieht in aller Öffentlichkeit, und wo die Gegensätze noch unklar und verworren erscheinen, da reinigt man sie durch Diskussionen in Rede und Gegenrede. Einzig ein Problem ist dieser öffentlichen Behandlung entzogen, und es wirkt schon aufreizend, es nur zu nennen: die Judenfrage. Sie ist tabu in der Republik.

Gegen alle Injurien ist der Jude immunisiert: Lump, Parasit, Betrüger, Schieber, das läuft an ihm herab wie Wasser an der Teerjacke. Nenne ihn Jude, und du wirst mit Erstaunen feststellen, wie er aufzuckt, wie er betroffen wird, wie er plötzlich ganz klein in sich zusammensinkt: „Ich bin erkannt."

Es ist zwecklos, sich gegen den Juden zu verteidigen. Er wird blitzschnell aus seiner Sicherheit zum Angriff vorgehen und mit seiner Rabulistik alle Mittel der Verteidigung beim Gegner zerbrechen.

Schnell macht er aus dem Gegner das, was der eigentlich an ihm bekämpfen wollte: den Lügner, den Unfriedenstifter, den Terroristen. Nichts wäre falscher, als wollte man sich dagegen verteidigen. Das möchte der Jude ja. Er erfindet dann täglich neue Lügen, gegen die sich sein Gegner nunmehr zur Wehr setzen muß, und das Ergebnis ist, er kommt vor lauter Rechtfertigung nicht zu dem, was der Jude eigentlich fürchtet: ihn anzugreifen. Aus dem Angeklagten ist nun der Ankläger geworden, und der drückt mit viel Geschrei den Ankläger in die Anklagebank hinein. So ging es bisher immer, wenn ein Mensch oder eine Bewegung sich unterstand, den Juden zu bekämpfen. So auch würde es uns gehen, wären wir nicht bis ins letzte über seine Wesenheit orientiert, und hätten wir nicht den Mut, aus dieser Erkenntnis unsere radikalen Schlüsse zu ziehen. Und die sind:

1. Man kann den Juden nicht positiv bekämpfen. Er ist ein Negativum, und dieses Negativum muß ausradiert werden aus der deutschen Rechnung, oder es wird ewig die Rechnung verderben.

2. Man kann sich mit dem Juden nicht über die Judenfrage auseinandersetzen. Man kann ja doch niemandem nachweisen, daß man das Recht und die Pflicht habe, ihn unschädlich zu machen.

3. Man darf dem Juden im Kampf nicht die Mittel zubilligen, die man jedem ehrlichen Gegner zubilligt; denn er ist kein ehrlicher Gegner; er wird Großmut und Ritterlichkeit nur dazu ausnutzen, seinen Feind darin zu fangen.

4. Der Jude hat in deutschen Fragen nicht mitzureden. Er ist Ausländer, Volksfremder, der nur Gastrecht unter uns genießt, und zwar ausnahmslos in mißbräuchlicher Weise.

5. Die sogenannte religiöse Moral des Juden ist keine Moral, sondern eine Anleitung zum Betrug. Deshalb hat sie auch kein Anrecht auf Schutz und Schirm der Staatsgewalt.

6. Der Jude ist nicht klüger als wir, sondern nur raffinierter und gerissener. Sein System kann nicht wirtschaftlich — er kämpft ja wirtschaftlich unter ganz anderen Moralgesetzen als wir —, sondern nur politisch gebrochen werden.

7. Ein Jude kann einen Deutschen gar nicht beleidigen. Jüdische Verleumdungen sind nur Ehrennarben für einen deutschen Judengegner.

8. Der Wert eines deutschen Menschen oder einer deutschen Bewegung steigt mit der Gegnerschaft des Juden. Wird jemand vom Juden bekämpft, so spricht das absolut für ihn. Wer nicht vom Juden verfolgt oder gar von ihm gelobt wird, der ist nutzlos und schädlich.

9. Der Jude beurteilt deutsche Fragen immer vom jüdischen Standpunkt aus. Deshalb ist meist das Gegenteil von dem, was er sagt, richtig.

10. Man muß zum Antisemitismus ja oder nein sagen. Wer den Juden schont, der versündigt sich am eigenen Volk. Man kann nur Judenknecht oder Judengegner sein. Die Judengegnerschaft ist eine Sache der persönlichen Sauberkeit.

Mit diesen Grundsätzen hat die judengegnerische Bewegung Aussicht auf Erfolg. Und eine solche Bewegung wird vom Juden deshalb auch nur ernst genommen und gefürchtet.

Daß er dagegen lärmt und aufbegehrt, ist nur ein Beweis dafür, daß sie richtig ist. Wir freuen uns deshalb darauf, umgehend auf diese Zeilen in den jüdischen Gazetten die diesbezügliche Quittung zu finden. Man mag dort Terror schreien. Wir antworten darauf mit dem bekannten Wort Mussolinis: „Terror? Niemals! Es ist Sozialhygiene. Wir nehmen diese Individuen aus dem Umlauf, wie ein Mediziner einen Bazillus aus dem Umlauf nimmt."

21. Januar 1929.

Prozesse

Ein Sechzigmillionenvolk hält geschlossen, Mann und Weib, Greis und Knabe, einer ganzen Welt von Feinden Stand und bietet dem Vernichtungswillen brutalster Gegner bis zum Verbluten Trotz. Dieses Volk wird nicht besiegt durch die Waffen feindlicher Heere, sondern erstochen mit dem Dolch der Zwietracht, der im eigenen Lande geschliffen wurde. Als die zehn Millionen Frontkämpfer nach Hunger, Opfer und namenloser Hingabe ins Vaterland zurückfluten, da finden sie den Dank derer, die zu Hause blieben:

Haß, Verleumdung, Schmach und Verrat.

Neue Gewalthaber setzen sich auf die leeren Throne, die kampflos von denen verlassen wurden, die nicht besser waren als die, die sie nun einnehmen. Betrug und Korruption und eine kapitalistische Ausbeutung legen sich wie ein Alpdruck auf dieses Heldenvolk, und bald ist alles das vertan, was die Väter einst erarbeiteten im Schweiß der Stirne. Tausende und Hunderttausende von ostjüdischen Schiebern schleichen wie eine Landplage über die Grenze: als arme, verlauste Lümpchen kommen sie, und nach zwei Jahren sind sie große Lumpen, avanciert zu Börsenmagnaten, und sie besitzen nunmehr Haus und Hof derer, die sie von Haus und Hof vertrieben, sind Freunde der höchsten Würdenträger und tun so, als wenn sie seit jeher Herren in diesem Lande gewesen wären und die anderen, die Blut und Leben dafür einsetzten, ihre Knechte.

Einer treibt es gar zu toll: Selbst die ihm feile Presse kann nicht mehr umhin, seine Skandale zu nennen: man zitiert ihn vor die Instanz, von der man einmal mit Stolz und Zuversicht sagte: „Es gibt noch Richter in Berlin!" Er jammert und winselt, was er alles für dieses Volk — besser hätte er gesagt an diesem Volk — getan habe. Man ist milde und verurteilt ihn zu einer lächerlich geringen Strafe. Heute erholt er sich in der Charité von seinen Raubzügen gegen das deutsche Volk.

Iwan Boruch Kutisker! Ein Jude!

Ein anderer versteht sich besser auf den Rummel. Er macht Minister und ehemalige Reichskanzler — der erste Reichskanzler dieses Volkes hieß Otto von Bismarck — zu seinen Busenfreunden, schenkt höchsten Würdenträgern abgelegte Schlafanzüge und gebrauchte goldene Zahnstocher zum Andenken und macht sie sich damit gefügig. Sein System ist so gerissen, daß selbst der Listigste sich nicht mehr auskennt darin. Und als die Sache zum Klappen kommt, da füllen im Handumdrehen seine Heldentaten am deutschen Volk über vierzig Aktenbände. Der Prozeßfilm läuft nun schon über ein halbes Jahr ab. Das Ende wird sein: das Volk hat vergessen, und der Angeklagte wird freigesprochen.

Julius Barmat! Ein Jude!

In einer Nacht legt einer aus Geldsucht Bolzen auf eine Eisenbahnstrecke. Ein internationaler D-Zug findet hier ein kurzes Ende: Dutzende von Menschenleben bleiben dabei. Man macht diesem Burschen den Prozeß. Die kochende Volksseele fordert seinen Tod. Man tut ihr Genüge und spricht auf Tod. Ganz klein berichten die Zeitungen nach einigen Monaten, daß man ihn begnadigte:

Otto Schlesinger! Ein Jude!

Es gibt einige, die nicht so leicht vergessen. Sie tun sich zusammen und schreiben auf ihre Freiheitsfahne das stolze Wort: Arbeit und Brot! Man lacht sie aus. Als das nichts hilft, schickt man den roten Terror gegen sie. Als sie mit den Fäusten zur Abwehr bereitstehen, da schreit die feile Journaille: Terror! Mord! Aufruhr! Verbieten! Verbieten!

Man verbietet sie! Nichts ist leichter als das. Aber diese deutschen Einfaltsmenschen sind der irrigen Meinung, das sei kein Recht, wie es sie die Väter lehrten. Einmal laufen ihnen ein paar von diesen asiatischen Wüstenwanderern in die Quere, und als die ihnen, den deutschen Proleten und Frontkämpfern, zum Hunger und zur Verachtung noch den Hohn ins Gesicht schleudern, da schlagen sie, wie ehedem Michael Kohlhaas, mit der Faust darein.

Die Schieber rufen: Pogrom! in ihren feilen Gazetten. Deutsche Richter sitzen streng thronend zu Gericht. Das Urteil wird diktiert unter dem Gebot der Straße:

Neun Monate Gefängnis! Und die Journaille meint, das sei noch zu niedrig.

Du sollst keine Rache nehmen an deinen Vernichtern!

Max Hennig, Siegfried Zeuner, viele andere!

Deutsche Arbeiter!

Es gibt keine Richter mehr in Berlin!

11. Juli 1927.

Knorke!

Was ist knorke? Knorke ist zweimal so dufte wie schnafte, wird der Berliner zur Antwort geben. Aber was ist dufte und was ist schnafte? fragt der Mann aus der Provinz. Da wird ihm der Berliner sagen, daß man das mit Worten nicht erklären kann, das läßt sich nur durch Beispiele und Situationen illustrieren. Diese kleinen herzigen Adjektiva sind auf Berliner Boden gewachsen und können von dort nirgendwohin verpflanzt werden. Jedes Kind wendet sie hierzulande an, richtig, kernig, ulkig und schlagfertig. Aber was das übersetzt heißt, das vermag niemand zu sagen. Das muß man fühlen. Und wer das nicht fühlt, der ist eben doofer als doof.

Knorke ist die Rede des Grafen Pückler, die er in Berlin kurz vor seiner Internierung in einer Irrenanstalt gehalten hat, und die mir — ich verdanke es einem reinen Zufall — im Wortlaut vorliegt. Dieses seltsame Gemisch von richtigen und falschen Erkenntnissen, diese schneidige Art, mit den Vernichtern des deutschen Volkes Schlitten zu fahren, diese unbekümmerte Methode, die kaiserlichen Behörden auf den Arm zu nehmen und die hohe Polizei zu verkohlen, diese herzliche, dreiste, gottvolle, naive und durch keinerlei Sachkenntnis belastete, draufgängerische und tapfere Abrechnung mit dem Hebräer, der beim Kaiser zu Tisch sitzt und auch im alten Reich, wenn auch noch unerkannt für den geistigen Mittelstand, das Heft in der Hand hatte, und dann die „programmatischen" Maßnahmen, die der im Volksmund als „Dresch-Graf" bekannte rodomontierende Pückler gegen die überhandnehmende Judenpest empfiehlt: das ist alles so erfrischend, so treu und unbekümmert, so labend und erquikkend, daß man dafür eben nur eine Bezeichnung finden kann: knorke!

Nichts liegt uns ferner, als uns damit zu identifizieren. Aber das ist eine historische Reminiszenz, die den Kenner innig schmunzeln läßt, und darüber hinaus: es ist doch was. Kein Programm, aber ein persönlicher Zornesausbruch, der zwar mittelalterlich anmutet, aber sonst doch nicht so ohne ist. Wir fühlen uns dabei erhaben über bürgerliche Ängste. Es ist ja heute so, daß der Spießer sein eigenes Vaterland, seine Ehre und sein Volkstum jahrzehntelang beschmutzen und verleumden läßt, daß er ruhig zuschaut, wie seine eigenen Volksbrüder durch ein mordendes Staats- und Wirtschaftssystem allmählich abgeschächtet und auf allen Gebieten enteignet werden, daß aber derselbe Spießer in heilige moralische Entrüstung verfällt, wenn sich der in den breiten Massen gesammelte Volkszorn ganz gegen den Willen der verantwortlichen Führer einmal Luft macht und rächende Vergeltung übt an den Urhebern und Nutznießern des großen Unglücks.

„Ich gebe euch zurück das gute Gewissen und den ehrbaren Namen. Ich gebe euch zurück das deutsche Vaterland und die Begeisterung für das Gute und Schöne. Ich gebe euch zurück das deutsche Haus, den deutschen Herd und die deutsche Familie. Ihr seid Sozialisten, aber ihr sollt trotzdem deutsch sein bis auf die Knochen. Ihr kämpft mit aller Energie gegen die Feinde des Vaterlandes. Ihr kämpft gegen die gemeinen Wucherer und Gauner, die jahrein, jahraus Tausende von deutschen Familien ins Elend stürzen. Ihr kämpft aber auch gegen die gewissenlosen Höflinge und gegen den Kaiser, gegen die verbummelte und verkommene Hofgesellschaft! Ihr seid die Retter des Vaterlandes, ihr seid die einzigen, auf die man sich heute noch verlassen kann!"

So spricht Graf Pückler lange vor dem Kriege zu deutschen Arbeitern. Ist das nicht knorke?

„Ich habe mir so ein kleines Schema ausgedacht, wie ich mir ungefähr bei einer kommenden Umgestaltung die Lösung der Judenfrage denke: Dieses Schema lautet folgendermaßen:

Paragraph 1. Jeder Jude darf bei der kommenden Abrechnung durchgehauen werden.

Paragraph 2. Jeder freche und unverschämte Jude wird aus Deutschland herausgeschmissen.

Paragraph 3. Jüdische Rechtsanwälte werden bei der kommenden Abrechnung in die Spree geworfen, dort, wo sie am tiefsten ist, damit die Lümmels von außen so schwarz werden, wie sie von innen sind. Denn schwarz wie der Deibel ist die Seele dieser gottvergessenen Halunken.

Meine Herren, wenn wir nach diesem schneidigen Programm hier in Berlin verfahren, dann sind wir die Bande bald los. Ich gebe Ihnen meine heilige Versicherung, Keile und Dresche sind den Asiaten auf die Dauer scheußlich unangenehm."

Ein Judenprogramm? O nein! Eine falsche, eine unannehmbare, eine barbarisch-mittelalterliche Methode, wogegen wir uns seit Jahren auf das heftigste zur Wehr setzen, und zwar deshalb, weil sie erfolglos ist, weil sie den Antisemitismus diskreditiert. Aber abgesehen von Programm und Methode, Hand aufs Herz und der Wahrheit die Ehre: Ist das nicht knorke? Ist das nicht zweimal schnafte, daß solche Töne vor dem Kriege von einem verrückten Außenseiter in der Reichshauptstadt angeschlagen wurden?

Und da will man uns als brutal und blutrünstig verschreien, die wir so sanft, so demütig, so human und gottesfürchtig sind? Was würdet ihr sagen, wollte einer von uns in diesem Stil gegen den Hebräer zu Felde ziehen? Seid dankbar, daß wir so gebildete, anständige und honette Leute sind.

Aber das lassen wir uns nicht nehmen: an diesem tollen Grafen unsere helle historische Freude zu haben. Er war doch ein Kerl in seiner knochenerweichten Zeit. Ein Kerl, der Mut hatte, der auch gegen das Kaiserhaus zu Felde zog, einer, der Unsinn machte und Blödsinn schwätzte, aber uns doch tausendmal lieber ist als all die Kreaturen, die vor lauter Zartheit das Vaterland verkommen ließen.

Dieser Graf Pückler war übriggeblieben aus dem Mittelalter. Er schlug Methoden vor, die im Dreißigjährigen Krieg angewandt werden konnten, als die Menschen noch roh, gemein, brutal und inhuman waren.

Aber daß so ein Kerl sich noch einmal ins zwanzigste Jahrhundert verirrte, das ist doch knorke: Nehmt alles nur in allem!

28. Januar 1929.

Warum sind wir Judengegner?

Wir sind Judengegner, weil wir Verfechter der Freiheit des deutschen Volkes sind. Der Jude ist Ursache und Nutznießer unserer Sklaverei. Er hat die soziale Notlage der breiten Volksmassen dazu mißbraucht, die unselige Spaltung zwischen rechts und links innerhalb unseres Volkes zu vertiefen, aus Deutschland zwei Hälften gemacht und damit den eigentlichen Grund zum Verlust des großen Krieges auf der einen und zur Verfälschung der Revolution auf der anderen Seite gelegt.

Der Jude hat gar kein Interesse an der Lösung der deutschen Schicksalsfragen. Er *kann* das gar nicht haben. Denn er lebt ja davon, daß sie ungelöst sind. Macht aus dem deutschen Volke eine einzige Gemeinschaft und gebt ihr die Freiheit vor der Welt, der Jude hätte keinen Platz mehr unter uns. Er hat also die besseren Trümpfe in der Hand, wenn ein Volk in innerer und äußerer Sklaverei lebt, als wenn es frei, tüchtig, selbstbewußt und geschlossen ist. Der Jude hat unsere Not verschuldet, und heute lebt er davon.

Das ist der Grund, warum wir als Nationalisten und Sozialisten Judengegner sind. Der Jude hat unsere Rasse verdorben, unsere Moral angefault, unsere Sitte unterhöhlt und unsere Kraft gebrochen. Ihm verdanken wir's, daß wir heute die Parias der ganzen Welt sind. Solange wir Deutsche waren, war er aussätzig unter uns. Da wir unser Deutschtum vergaßen, triumphierte er über uns und unsere Zukunft.

Der Jude ist der plastische Dämon des Verfalls. Wo er Unrat und Fäulnis wittert, da taucht er aus dem Verborgenen auf und beginnt sein verbrecherisches Schächtwerk an den Völkern. Er kleidet sich in die Maske derer, die er betrügen will, tut gut Freund mit seinen Opfern, und ohne daß der Arglose es merkt, hat er ihm schon das Genick gebrochen.

Der Jude ist unschöpferisch. Er produziert nicht, er handelt nur mit Produkten. Mit Lumpen, Kleidern, Bildern, Edelsteinen, Getreide, Aktien, Kuxen, Völkern und Staaten. Und alles, womit er handelt, hat er irgendwo und irgendwann gestohlen. Solange er gegen einen Staat Sturm läuft, ist er Revolutionär, sobald er im Besitz der Macht ist, predigt er Ruhe und Ordnung, um in Gemächlichkeit seinen Raub verzehren zu können.

Was hat der Antisemitismus mit dem Sozialismus zu tun? Ich frage umgekehrt: was hat der Jude mit dem Sozialismus zu tun? Der Sozialismus ist die Lehre von der Arbeit. Wo sah man ihn denn je arbeiten und nicht vielmehr plündern, stehlen, schmarotzen und von dem Schweiß der anderen leben? Wir sind als S o z i a l i s t e n Judengegner, weil wir im Hebräer die Inkarnation des Kapitalismus, das heißt des Mißbrauchs mit den Gütern des Volkes sehen.

Was hat der Antisemitismus mit dem Nationalismus zu tun? Ich frage umgekehrt: Was hat der Jude mit dem Nationalismus zu tun? Der Nationalismus ist die Lehre vom Blut, von der Rasse. Der Jude ist der Feind und Zersetzer einer blutsmäßigen Einheit, der bewußte Zerstörer unserer Rasse. Wir sind als N a t i o n a l i s t e n Judengegner, weil wir im Hebräer den ewigen Feind unserer nationalen Ehre und unserer völkischen Freiheit sehen.

„Der Jude ist doch auch ein Mensch." Gewiß, und niemand von uns hat das je bezweifelt. Wir bezweifeln nur, daß er ein anständiger Mensch ist. Er paßt nicht zu uns. Er lebt nach anderen inneren und äußeren Gesetzen als wir. Daß er ein Mensch ist, das ist für uns nicht Grund genug, uns von ihm in der u n m e n s c h l i c h s t e n Weise unterdrücken und kujonieren zu lassen. Er ist ein Mensch, allerdings — aber was für einer. Wenn jemand deine Mutter mit der Peitsche mitten durchs Gesicht schlägt, sagst du dann auch: „Danke schön, er ist auch ein Mensch?" Das ist kein Mensch, das ist ein U n m e n s c h. Wieviel Schlimmeres hat der Jude unserer Mutter Deutschland angetan und tut es ihr heute noch an!

„Es gibt auch weiße Juden." Gewiß, es gibt Schweinehunde genug unter uns, die, obwohl sie Deutsche sind, nach unsittlichen Methoden ihre eigenen Volks- und Blutsgenossen unterdrücken. Aber warum nennst du sie weiße J u d e n ? Du verstehst also unter Judesein etwas Minderwertiges und Verachtenswertes. Genau so wie wir. Warum fragst du uns, warum wir Judengegner sind, der du, ohne es zu wissen, selbst einer bist?

„Der Antisemitismus ist unchristlich." Das heißt also, christlich ist demnach, den Juden weiter schalten und walten zu lassen, zuzuschauen, wie er aus unserer Haut Riemen schneidet, und zum Schaden noch den Spott einzustecken. Christ sein heißt: liebe deinen Nächsten wie dich selbst! Mein Nächster ist mein Volks- und Blutsgenosse. Liebe ich ihn, dann muß ich seine Feinde hassen. Wer deutsch denkt, muß den Juden verachten. Das eine bedingt das andere.

Auch Christus sah einmal, daß man mit der Liebe nicht auskommt in allen Lebenslagen. Als er im Tempel auf die Jobber und Schieber stieß, da sagte er nicht: Kindlein, liebet einander!, sondern er nahm die Peitsche und trieb das Pack zum Tor hinaus.

Wir sind Judengegner, weil wir uns zum deutschen Volk bekennen. Der Jude ist unser aller großes Unglück.

Das soll anders werden, so wahr wir Deutsche sind.

30. Juli 1928.

Deutsche, kauft nur bei Juden!

Warum? Weil der Jude billig, aber schlecht, der Deutsche preiswert, aber gut verkauft. Weil der Jude euch begaunert, der Deutsche dagegen euch redlich und ehrlich bedient. Beim Juden könnt ihr allen Schund kaufen, beim Deutschen meist nur Spezial- und Qualitätsware.

Der Jude ist euer Blutsbruder, der Deutsche euer Volksfeind. Der Jude schuftet für euch im Schweiße seines Angesichts, der Deutsche ist ein Faulenzer und ein Tunichtgut. Der Jude stand mit euch vier Jahre lang Schulter an Schulter draußen an der Front und setzte sein Leben ein für Deutschlands Ruhm und Größe, der Deutsche drückte sich in der Etappe herum, saß in den Kriegsgesellschaften, schob in der Heimat. Der Jude starb, damit der Deutsche leben kann. Wo wäre ein Jude zu finden, der nicht all sein Hab und Gut durch Krieg und Revolution verloren hätte, und wo ein Deutscher, der nicht in dieser Zeit reich und übermütig geworden wäre? Ist es nicht so: der Deutsche hat Jesus ans Kreuz geschlagen und der Jude hat seine Lehre der Liebe erst in die Wirklichkeit umgesetzt?

Kauft vor allem nur in jüdischen Warenhäusern. Was geht euch der kleine deutsche Kaufmann an! Der soll nach Palästina gehen und da seine Ware feilbieten. Was will er bei uns in Deutschland? Dieses ewige Gejammer vom sterbenden Kleingewerbe haben wir satt. Im jüdischen Warenhaus ist es so bequem und gemütlich; billiger Schund und alles zu haben. An jeder Straßenecke steht so ein Palast, leuchtet in den dunklen Abend hinein, Christbäume funkeln in den lichtübersäten Schaufenstern, der Weihnachtsengel schwebt herunter aus einer Wolke von Kitsch, die Kinder jubeln und klatschen in die Hände, und im Hintergrunde steht lächelnd der jüdische Menschenfreund und reibt sich die Hände von wegen dem Geschäft. Wo ist der deutsche Kaufmann, der soviel leistet an Gesinnungs- und Geschäftstüchtigkeit? Der Deutsche will auch leben? Wieso? Wie kommt er dazu? Er soll stempeln gehen wie wir alle. Warum soll es Deutsche geben, die es besser haben als wir? Ist das nicht ein Vorrecht der Juden in Deutschland? Warum haben wir denn eine Republik, wenn sie nicht dem Juden gehört?

Sechshundert kleine Existenzen gehen Weihnachten durch die jüdische Warenhauskonkurrenz allein in Berlin zugrunde! Gibt es überhaupt soviel freie Deutsche noch? Sei still, im nächsten Jahre schon werden es wieder weniger sein. In Deutschland ist nicht mehr viel aufzutreiben, was zugrunde gehen kann. So soll es auch sein. Deutschland den Juden! Dafür haben wir gekämpft und geblutet. Dafür setzen wir unseren letzten Groschen ein.

Steckt die Weihnachtsbäume an. Tochter Zion, freue dich! Bei Tietz und Wertheim ist das Christkind eingekehrt. Die guten Deutschen schmieden aus ihren sauer verdienten Groschen die Kette, die der jüdische Geldmann zu ewiger Sklaverei auf ihre geduldigen Schultern legt. Wer sollte nicht mithelfen am großen Liebeswerk der Weltjudenheit! Warum haben wir einen Nacken, wenn er nicht das Joch tragen will? Seit zehn Jahren steht Deutschland im Ausverkauf, wer wollte da nicht mittun? Fragt einer danach, ob du das Spielzeug, das du dem Kind unter den Christbaum legst, beim Juden Tietz oder beim Deutschen Müller gekauft hast? Der Jude wird durch die Groschen, die du ihm zuträgst, fett, und der Deutsche wird durch Groschen, die du ihm entziehst, mager. Was kümmert das uns? Licht soll sein an den Plätzen der Juden, Finsternis in den Gassen der Deutschen. So will es der Herr der Juden und sein Finanzminister Hilferding. Eigentum ist Diebstahl, solange es nicht dem Juden gehört. Keinen Pfennig den Fürsten, alles den Bank- und Börsen- und Warenhausschiebern!

Weihnachten ist das Fest der Liebe. Warum sollen wir da nicht auch die armen Juden lieben und fett machen? Liebet eure Feinde und tuet Gutes denen, die euch hassen! Wo war der Jude je nicht unser Feind und hätte uns nicht gehaßt und verfolgt und verleumdet und bespuckt? Wer will so unmenschlich sein und von uns verlangen, wir sollten nach dem Gesetz verfahren, das er seit je uns gegenüber zur Anwendung bringt: Auge um Auge und Zahn um Zahn?

Das Kind, dessen Geburtstag wir so bald wieder in Freude begehen, kam in die Welt, um die Liebe zu bringen. Einmal aber mußte Christus, der Mann, einsehen lernen, daß man immer und überall mit der Liebe nicht auskommt. Als er im Tempel auf die jüdischen Börsen- und Warenschieber stieß, da ging er abseits, nahm eine Peitsche, brach hervor, ein rächender Gott, und schlug das Gesindel zum Tempel hinaus.

Deutsche, kauft nur bei Juden! Laßt den Volksgenossen verhungern und geht in die jüdischen Warenhäuser, vor allem zur Weihnachtszeit. Je größer das Unrecht wird, das ihr dem eigenen Volk antut, um so eher kommt der Tag, da auch unter uns ein Mann aufsteht, die Peitsche nimmt und alle Schieber zum Tempel unseres Vaterlandes hinausschlägt.

10. Dezember 1928.

Der Weltfeind

„Dreihundert Männer leiten die wirtschaftlichen Geschicke des Kontinents, von denen jeder jeden kennt. Sie suchen sich ihre Nachfolger aus ihrem Kreise."

So schrieb am 25. Dezember 1909 schon in der Wiener „Neuen Freien Presse" einer dieser Dreihundert, der es also wissen mußte, der Großkapitalist, Republikminister, Bolschewistenfreund und internationale Jude Walter Rathenau, bei dessen Tod in Deutschland Hunderttausende von marxistischen Proletariern gegen den Kapitalismus und gegen die Reaktion, für den Sozialismus und für Rathenau demonstrierten.

Die internationale Welthochfinanz hat Besitz ergriffen von den Souveränitätsrechten des deutschen Volkes und ist nun im Begriff, sich in unseren ehemaligen Machtbereichen wohnlich einzurichten. Getreu dem uralten Gesetz der jüdischen Rasse „Du sollst alle Völker fressen" hat sie bei uns damit angefangen, hat durch Krieg und Revolution die Widerstandskraft unseres Volkstums bis ins Mark erschüttert und sich dann daran gemacht, uns die lebenswichtigsten Organe Stück um Stück aus dem Staatskörper herauszuschneiden.

Sie besitzt nun unsere Münze und das Verfügungsrecht über den weitaus größten Teil der deutschen Produktion, unsere Verkehrseinheit und auf Grund ihrer militärischen und diplomatischen Machtmittel die Souveränität der deutschen Grenzen. Die Presse ist fast ausnahmslos in ihren Händen: damit macht sie die öffentliche Meinung, die Parlament und Regierung gestaltet. Mit Hilfe deutscher Regierer hat sie über unser Volk einen Fronvogt gesetzt, den heimlichen Kaiser Parker Gilbert. Der kontrolliert den Kolonialetat und hat Einspruchsrecht bei Einnahmen und Ausgaben; Parlament und Kabinett sind bedingungslos in seine Hand gegeben, und die Knechtsseligkeit der seit dem 9. November 1918 in Deutschland eingeführten Demokratie ist Garant für die Dauer dieses jammervollen Zustandes.

Die marxistischen Parteien sind nur noch willige Werkzeuge in den Händen dieser Freibeuter des Geldes. Mit ihrer Hilfe war es der Weltbörse möglich, das deutsche Volk seines Besitzes zu enteignen. Man nahm ihm in einem welterschütternden militärischen Ringen zwei Millionen seiner besten Söhne; aus deren Blut münzte die Wallstreet Goldbarren, mit denen sie uns heute tributpflichtig macht. Man stahl ihm in der sogenannten Inflation seinen baren Besitz und gab ihm statt dessen eine neue Währung, eine Münze, die nicht mehr uns gehört, sondern unseren Unterdrückern. Nun hat der Weltfeind die lebenswichtigsten Organe unseres Volkskörpers in seiner Hand.

Auf dem Asphalt der modernen Großstädte errichtet der Weltjude die imperialistische Diktatur des roten Goldes; ihre Säulen sind Presse, Arbeiterbewegung, Parlament und Feigheit der bürgerlichen Parteien. Jeder Tag, den wir in Jammer und Sorge hinter uns bringen, ist eine Etappe im Siegesmarsch des Goldes gegen das Blut. Die Dinge vollziehen sich heute bereits zwangsläufig, und man kann mit mathematischer Genauigkeit ausrechnen, wann uns das letzte Deutschtum auf den Gebieten der Politik, der Wirtschaft und der Kultur verlorengehen wird und wir vor dem Ende stehen.

So ist die Lage! Und während wir uns die Köpfe zerspalten und weltfernen Phantomen nachjagen, rüstet das Geld zum letzten Vernichtungsschlag gegen deutsches Arbeitertum, und es kann heute bereits keinem Zweifel mehr unterliegen, daß wir bei gleichmäßig fortschreitender Zermürbung des deutschen Widerstandswillens unter dieser Katastrophe, die näher ist, als wir alle glauben wollen, zusammenbrechen werden.

Die großen Parteien nationaler und internationaler Prägung haben längst schon offen oder verhüllt vor dem Machthunger des Weltfeindes ihre schmähliche Kapitulation vollzogen. Sie wirken am Zusammenbruch mit oder leisten ihm doch durch Feigheit und Mangel an Widerstandswillen bewußt und unbewußt Vorschub. Während man in den Parlamenten redet und debattiert und kaum noch ein und aus weiß, marschiert das Geld zielsicher und unbeirrt auf seinem Eroberungsfeldzug gegen die deutsche Arbeit vorwärts, und eines Tages stehen wir wieder wie 1914 und 1918 ungerüstet vor vollendeten Tatsachen, die dann jedoch grausamer und unabänderlicher sein werden als damals, da dieses weltgeschichtliche Ringen erst begann.

Ist es da vermessen, wenn wir das Signal zum Widerstand geben? Haben wir Deutschen verdient, daß man uns Sklavenketten schmiedet aus dem Gold, das man aus unserem Schweiß und dem Blut unserer Brüder prägte?

Die Fürsten des Geldes stehen bereit zum letzten Schlag. Sie haben unserem Volk den Glauben und den Willen geraubt, haben uns geschändet und entehrt und wollen uns nun den Absatz in den Nacken treten. Dagegen nutzt kein Reden und kein Beten; nur Widerstand, Kampf, Angriff! Nicht Gott hilft. Wir müssen uns selbst helfen.

Unser Leben ist in Gefahr. Das deutsche Volk befindet sich in einem Dauerzustand der Notwehr. Da ist jedes Mittel recht, den Feind zur Strecke zu bringen.

Wir sind bereit, das letzte anzuwenden. Wenn wir Deutschland vom Wahn des Goldes frei machen, dann vollbringen wir damit die größte Tat der Weltgeschichte. Blut gegen Gold! Arbeit gegen Geld! Fäuste gegen Paragraphen! Leben gegen tote Formel!

Dafür marschieren wir auf!

19. März 1928.

Menschen, seid menschlich!

Drei deutsche Proleten, Frontkämpfer, gehen abends nach der Arbeit müde heim. Der Weg führt sie von den lieblos leeren Steinwüsten des Ostens über den in tausenderlei Licht und Glanz erstrahlenden Kurfürstendamm. Schwer und grau breitet sich darüber der Abendhimmel, und ihr Schritt geht gleichmäßig und hart über den blanken Asphalt. Verbittert schauen sie in all die Pracht. Juden flanieren herauf und herunter, blonde deutsche Mädchen im Arm. Und als einer der Proleten mit seiner Schulter einen runden, feisten, in Lack und Wohlgeruch einhertänzelnden Sohn des Wüstenvolks zufällig berührt, da haucht ihn der an, als sei er Herr dieser Stadt und der andere, der Prolet, sein Knecht und Sklave. Was ihm einfiele, ob er nicht wüßte, daß er in seinem Habitus hier nur geduldet sei, warum er nicht draußen im Osten bliebe, und wieso er überhaupt dazu komme, den Glanz und die Pracht des Westens allein durch seine Existenz zu stören. Darauf nimmt der Prolet seine Handschrift zur Hand und drückt dem Hebräer seine Visitenkarte in gar nicht mehr mißzuverstehender Weise in die Visage hinein.

Das ist die Vorgeschichte.

Und nun erlebst du was. Auflauf. Beteuerungen, Anklagen, Schupo, Schupo! Der Grüne ist in Bruchteilen von Sekunden zur Stelle. Verhaftung unter dem Beifall der Menge. Zweifelhafte Damen schreien, man verderbe ihnen das ganze Geschäft. Kunden grinsen. Der Prolet wird abgeführt. Landfriedensbruch. Ein Jahr Gefängnis. Harmlose Passanten niederzuschlagen, unglaubliche Terrorakte, Pogrom in Berlin W, Protestversammlungen, Lebensläufe des so schwer Mißhandelten und Photographien seines stillen Heldentums.

Und dann der Aufruf des „Centralvereins deutscher Staatsbürger jüdischen Glaubens". Alle Prominenten und alle Anwärter auf die Prominenz geben ihre Unterschrift mit Handkuß. Flammend brennt es von allen Plakatsäulen:

Menschen, seid menschlich!

Wenn man auf dem Kurfürstendamm einem Hebräer eine verdiente Ohrfeige haut, dann ist das in Nowawes schon ein Pogrom. Sieht der Jude, daß es Ernst wird, dann geht er augenblicklich von einer Tour in die andere, und nützt alles nichts mehr, dann sollen wir Menschen, das heißt wir ausgeplünderten Deutschen, menschlich sein.

Menschen, seid menschlich! Wir nehmen den Ruf auf. Seid menschlich und schaut nicht länger untätig zu, wie eine Horde von asiatischen Freibeutern über ein wehrlos gemachtes Volk herfällt, es auspfändet bis aufs Hemd und dann hohnlächelnd ihre Spucke auf die Betrogenen ablädt! Seid menschlich und duldet es nicht länger, daß eure Peiniger mitten unter euch ihre Paläste aufbauen, während ihr in Löchern und Höhlen haust. Millionen von Kriegskrüppeln, Witwen und Waisen darben, frieren und hungern, und kein Mensch redet von ihnen. Den kleinen Leuten hat man ihre Spargroschen aus der Tasche gestohlen und überläßt sie nun kaltlächelnd dem heimlich schleichenden Ruin. Deutsche Arbeiter finden keine Arbeit in ihrem eigenen Lande. Man bietet ihnen Bettelgroschen, die zum Leben zu wenig und zum Sterben zu viel sind. Und wird man ihrer überdrüssig, dann steuert man sie aus und tut so, als existierten sie nicht mehr. Ihre Kinder verkommen und verelenden; sie haben kein Hemd mehr auf dem Leibe. Die Mutter muß sie weinend ohne Brot morgens in die Schule schicken, und mittags weiß sie noch viel weniger, wie sie die hungrigen Mäuler stopfen soll. Aus herrlichen blonden Jungens werden unterernährte, schwindsüchtige Krüppel, und über ihrem ferneren Leben stehen Krankheit, Siechtum, Elend, Hunger und Verbrechen als Leitsterne. Deutsche Mädchen werden auf die Bahn des Lasters förmlich gezwungen, und der Jude nimmt lächelnd die billige Beute. Kinder schreien um Brot. Väter grollen in dumpfer Verzweiflung, und Mütter haben das Weinen längst verlernt. Unterdes tanzt der Übermut auf dem gärenden Vulkan, und es wird einmal ein grauenvolles Ende werden.

Menschen, seid menschlich! Blast die Lichter des tanzenden Glücks aus und gesteht es euch, daß es so nicht mehr weitergehen kann. Ein ganzes Volk liegt im Sterben. Macht die Augen auf und erkennt, wie nah ihr am Abgrund steht! Euch hilft kein Gott und kein Teufel, wenn ihr euch nicht selbst helft.

Michel, wach auf! Dein Feind leert dir grinsend die Taschen. Nicht lang mehr, und du stehst vor dem Nichts. Wach auf und gib acht, daß du nicht mit dem aneinandergerätst, der es gut mit dir meint. Verprügle nicht den, der dich geweckt hat!

Es ist Zeit! Es ist Zeit!

Notzeichen stehen am Himmel!

Du hast lange genug geschlafen.

Dein Vernichter weiß, was sein wird, wenn du einmal aufwachst.
Darum ruft er im Vorgefühl seiner abgrundtiefen Schuld:
Menschen, seid menschlich!
Ihr alle, die man belogen und betrogen hat:
Wir rufen euch zu:
Deutsche, seid deutsch!

28. November 1927.

Rund um die Gedächtniskirche

Das ist Berlin W:

Tausend und tausend Transparente speien eine Fülle von Licht in den grauen Abend hinein, daß der Kurfürstendamm hell liegt, fast wie bei Tage. Straßenbahnen klingeln, Autobusse rasseln hupend vorbei, vollgepfropft mit Menschen, Menschen; in langen Reihen summen Taxen und vornehme Privatlimousinen über den spiegelglatten Asphalt. Die roten, gelben und grünen Signallichter hemmen und öffnen die Weiterfahrt; mitten in all dem Gewühl steht hochaufgerichtet der Grüne und gibt für die schwarzen Menschenmauern an den Straßenrändern den halsbrecherischen Übergang von einer Seite zur anderen frei. Ein Gequieke und Gequake schlägt ans Ohr, daß der Ungewohnte jeden Augenblick Gefahr läuft, die ruhige Besinnung zu verlieren. Vor den großen Kinos leuchten grellrot die neuesten Schlager der Saison: „Vom Leben getötet", „Das Mädchen vom Tauentzien", „Nur eine Nacht". Duft von schweren Parfüms fliegt vorbei. Kokotten lächeln aus den kunstvollen Pastellgemälden moderner Frauengesichter; sogenannte Männer schlendern auf und ab, Monokel blitzen; falsche und echte Edelsteine leuchten auf. Alle Sprachen der Welt dringen ans Ohr; da geht der gelbe Inder schweigend neben dem gesprächigen Sachsen; ein Engländer bahnt sich fluchend mit den Ellenbogen seinen Weg durch das Gewühl, und all den Lärm übertönend, brüllt ein verfrorener Zeitungshändler die eben aus der Rotation gekommene Journaille des Abends aus.

Mitten in diesem Trubel der Weltstadt reckt die Gedächtniskirche ihre schlanken Spitzen in den grauen Abend hinein. Sie ist fremd in diesem lauten Leben. Wie ein stehengebliebener Anachronismus trauert sie zwischen den Cafés und Kabaretts, läßt die summenden

Autos um ihren Steinleib gleiten und gibt zur Sünde der Fäulnis gelassen und zage die Stunde an.

Es gehen viele Menschen um sie herum, die vielleicht noch nie zu ihren Türmen hinaufschauten. Da flaniert der Snob in Pelzmantel und Lack, die Dame von Welt, von Fuß bis Kopf Garçonne, mit Monokel und qualmender Zigarette, stöckelt an ihren Gehsteigen vorüber und verschwindet in einer der tausend Stätten von Rausch und Gift, die hier ihre schreienden Lichter lockend in den abendlichen Tag hineinsenden.

Das ist Berlin W! Das steingewordene Herz dieser Stadt. Hier hockt in den Nischen und Ecken der Cafés, in den Kabaretts und Bars, in den Sowjettheatern und Beletagen die Geistigkeit der Asphaltdemokratie aufeinander. Hier, hier wird die Politik von sechzig Millionen fleißiger deutscher Menschen gemacht. Hier gibt und holt man die neusten Börsen- und Theatertips. Hier schiebt man in Politik, Bildern, Kuren, Aktien, Liebe, Film, Theater, Regierung und Wohlfahrt. Die Gedächtniskirche steht nie einsam. Vom Tage taucht sie ohne Übergang in die Nacht, und die Nacht wird zum Tag, ohne daß einen Augenblick um sie die große Stille kam.

Die ewige Wiederholung von Fäulnis und Zersetzung, von Mangel an Genialität und wahrer Schöpferkraft, von innerer Leere und Trostlosigkeit, überfirnißt mit dem Talmiglanz eines zur widerlichsten Scheinkultur herabgesunkenen Zeitgeistes: das ist es, was rund um die Gedächtniskirche sein Wesen und Unwesen treibt. Man möchte hier so gerne wahrhaben, es sei die Elite des Volkes, die auf dem Tauentzien dem lieben Gott den Tag und die Nacht stiehlt. Es ist nur die Israelite.

Hier ist das deutsche Volk fremd und überflüssig. Man fällt beinahe auf, wenn man in der Sprache des Landes spricht. Paneuropa, Internationale, Jazz, Frankreich und Piscator, das ist die Parole.

„Die Freundin, alte Nummer, nur zehn Pfennig!" schreit ein findiger Händler. Es kommt nicht einer von den Vorübergehenden auf den Gedanken, daß das fehl am Ort sei. Es ist gar nicht fehl am Ort. Dieser Mann kennt das Milieu.

Berlin W ist die Eiterbeule an dieser Riesenstadt des Fleißes und der Betriebsamkeit. Was die im Norden erarbeiten, das verjubeln die im Westen. Vier Millionen schaffen in dieser Steinwüste Leben und Brot, und darüber sitzen hunderttausend Drohnen, die ihren Fleiß verprassen und in Sünde, Laster und Fäulnis umsetzen.

Der Kurfürstendamm schreit lautheulend auf, wenn man einem dieser Blutsauger einmal auf die Hühneraugen tritt; dann ist die Menschheit in Gefahr. Einen kann man dort nicht leiden sehen — wenn er vom Metier ist. Und lachend trägt man ein ganzes Volk zu Grabe.

Das ist nicht das wahre Berlin. Das sitzt anderswo und wartet und hofft und kämpft. Es beginnt, den Judas zu erkennen, der unser Volk für dreißig Silberlinge verkauft und verhandelt.

Das andere Berlin steht auf der Lauer, zum Sprung bereit. Tage und Nächte hindurch arbeiten einige Tausend, daß einmal ein Tag kommt. Und dieser Tag wird die Stätte der Fäulnis rund um die Gedächtniskirche zertrümmern, umgestalten und dann neu eingliedern in ein auferstehendes Volk.

Der Tag des Gerichts! Es wird der Tag der Freiheit sein!

23. Januar 1928.

Die Juden sind schuld!

16. November 1941

Die historische Schuld des Weltjudentums am Ausbruch und an der Ausweitung dieses Krieges ist so hinreichend erwiesen, daß darüber keine Worte mehr zu verlieren sind. Die Juden wollten ihren Krieg, und sie haben ihn nun. Aber es bewahrheitet sich an ihnen auch die Prophezeiung, die der Führer am 30. Januar 1939 im Deutschen Reichstag aussprach, daß, wenn es dem internationalen Finanzjudentum gelingen sollte, die Völker noch einmal in einen Weltkrieg zu stürzen, das Ergebnis nicht die Bolschewisierung der Erde und damit der Sieg des Judentums sein werde, sondern die Vernichtung der jüdischen Rasse in Europa.

Wir erleben eben den Vollzug dieser Prophezeiung, und es erfüllt sich damit am Judentum ein Schicksal, das zwar hart, aber mehr als verdient ist. Mitleid oder gar Bedauern ist da gänzlich unangebracht. Das Weltjudentum hat in der Anzettelung dieses Krieges die ihm zur Verfügung stehenden Kräfte vollkommen falsch eingeschätzt, und es erleidet nun einen allmählichen Vernichtungsprozeß, den es uns zugedacht hatte und auch bedenkenlos an uns vollstrecken ließe, wenn es dazu die Macht besäße. Es geht jetzt nach seinem eigenen Gesetz: „Auge um Auge, Zahn um Zahn!" zugrunde.

In dieser geschichtlichen Auseinandersetzung ist jeder Jude unser Feind, gleichgültig, ob er in einem polnischen Ghetto vegetiert oder in Berlin oder in Hamburg noch sein parasitäres Dasein fristet oder in New York oder Washington in die Kriegstrompete bläst. Alle Juden gehören aufgrund ihrer Geburt und Rasse einer internationalen Verschwörung gegen das nationalsozialistische

Deutschland an. Sie wünschen seine Niederlage und Vernichtung und tun, was in ihren Kräften steht, um daran mitzuhelfen. Daß sie im Reich selbst dazu nur noch geringe Möglichkeiten finden, ist nicht etwa darauf zurückzuführen, daß sie hier loyal wären, sondern ausschließlich darauf, daß wir dagegen die uns geeignet erscheinenden Maßnahmen getroffen haben.

Eine dieser Maßnahmen ist die Einführung des gelben Judensterns, den jeder Jude sichtbar zu tragen hat. Damit wollen wir ihn äußerlich kennzeichnen, vor allem auch deshalb, damit er beim geringsten Versuch, sich gegen die deutsche Volksgemeinschaft zu vergehen, auch gleich als Jude erkannt wird. Es ist das eine außerordentlich humane Vorschrift, sozusagen eine hygienische Prophylaxe, die verhindern soll, daß der Jude sich unerkannt in unsere Reihen einschleichen kann, um Zwietracht zu säen.

Als die Juden vor einigen Wochen, geschmückt mit ihrem Judenstern, im Berliner Stadtbild erschienen, war der erste Eindruck unter den Bürgern der Reichshauptstadt der einer allgemeinen Verblüffung. Nur die allerwenigsten wußten, daß es noch so viele Juden in Berlin gab. Jeder entdeckte in seiner Umgebung oder Nachbarschaft einen harmlos tuenden Zeitgenossen, der zwar durch gelegentliches Meckern oder Miesmachen aufgefallen war, den aber niemand für einen Juden gehalten hatte. Er hatte sich also offenbar getarnt, Mimikry getrieben, sich in seiner Schutzfarbe dem Milieu, in dem er lebte, angepaßt und auf seine Stunde gewartet. Wer unter uns hatte auch nur eine Ahnung, daß der Feind direkt neben ihm stand, daß er schweigender oder geschickt antreibender Zuhörer war bei Gesprächen auf der Straße, in der U-Bahn, in den vor den Zigarettenläden stehenden Schlangen? Es gibt Juden, die man kaum noch an ihrem Äußeren erkennen kann. Sie haben sich auch in dieser Beziehung angeglichen, so weit es geht. Diese sind die gefährlichsten. Es ist charakteristisch, daß jede Maßnahme, die wir gegen die Juden treffen, schon am anderen

Tage in englischen und USA.-Zeitungen zu lesen steht. Die Juden verfügen also heute noch über geheime Verbindungen zum feindlichen Ausland und nutzen diese auch nicht nur in eigener Sache, sondern in allen kriegswichtigen Angelegenheiten des Reiches aus. Der Feind sitzt also mitten unter uns. Was liegt nun näher, als daß wir ihn wenigstens für jeden Bürger äußerlich kenntlich machen?

In den ersten Tagen nach Einführung des Judensterns ging der Berliner Zeitungsverkauf rapide in die Höhe. Jeder Jude, der über die Straße mußte, erstand sich eine Zeitung, um schamhaft sein Kainsmal damit zu verdecken. Als das verboten wurde, sah man hier und da Juden auf den Straßen des Berliner Westens in Begleitung von nichtjüdischen Ausländern herumparadieren. Diese Judenknechte hätten eigentlich auch Anspruch auf einen Judenstern. Die Argumente, die sie für ihr provokatorisches Verhalten vorbringen, sind immer dieselben: die Juden seien doch auch Menschen — als wenn wir jemals etwas anderes behauptet hätten und dasselbe nicht ebenfalls auf Raubmörder, Kindesvergewaltiger, Diebe und Zuhälter zuträfe, ohne daß man gleich mit ihnen auf dem Kurfürstendamm spazierengehen wollte! —, ihr Jude sei ein anständiger Jude — jeder betroffene Jude hatte danach einen dummen und instinktlosen Goy gefunden, der ihn für anständig hielt! —, man kenne sich schon seit Jahren — als wenn das ein Grund wäre, dem Juden eine Art Ehrengeleit zu geben —, und was derlei Unsinn mehr ist.

Die Juden sehen sich nun allmählich ganz auf sich selbst gestellt und versuchen jetzt, einen neuen Trick anzuwenden. Sie kennen doch den gutmütigen deutschen Michel in uns, der immer gerne bereit ist, für eine sentimentale Träne alles ihm angetane Unrecht zu vergessen: plötzlich hat man den Eindruck, als ob es unter den Berliner Juden nur noch putzige kleine Babies, die durch ihre kindliche Hilflosigkeit rühren sollen, oder gebrechliche alte Frauen gibt. Die Juden schicken ihre Mitleidgarde vor. Sie mögen damit einige harmlose Gemüter in momentane Verwirrung bringen, uns nicht. Wir wissen ganz genau, woran wir mit ihnen sind.

Schon ihretwegen müssen wir den Krieg gewinnen. Verlören wir ihn, so würden sich die harmlos tuenden jüdischen Biedermänner plötzlich in reißende Wölfe verwandeln. Sie würden sich auf unser Volk, auf unsere Frauen und Kinder stürzen, um an ihnen ein Rachewerk zu vollziehen, für das es in der Geschichte kein Beispiel gibt. So haben sie es ja in Bessarabien und in den baltischen Staaten gemacht, als hier der Bolschewismus Einzug hielt; und dort hatten weder die Völker noch die Regierungen ihnen irgendein Leid zugefügt. Wir können in unserem Kampf gegen das Judentum nicht mehr zurück — ganz abgesehen davon, daß wir das auch gar nicht wollen. Die Juden müssen von der deutschen Volksgemeinschaft abgesondert werden, denn sie gefährden unsere nationale Geschlossenheit.

Das ist ein elementares Gebot völkischer, nationaler und sozialer Hygiene. Sie werden niemals Ruhe geben. Sie würden, wenn sie es könnten, ein Volk nach dem anderen gegen uns in den Krieg hineinführen. Was gilt ihnen das damit verbundene Leid der Menschen, wenn sie nur die Welt unter ihre Geld- und Blutherrschaft zwingen! Die Juden sind eine parasitäre Rasse, die sich wie ein faulender Schimmel auf die Kulturen gesunder, aber instinktarmer Völker legt. Dagegen gibt es nur ein wirksames Mittel: einen Schnitt machen und abstoßen.

Wie armselig nehmen sich vor diesem Weltproblem, das seit Jahrtausenden die Menschen beschäftigt, die stupiden, gedankenlos rührseligen Argumente einiger zurückgebliebener Judenfreunde aus! Sie würden wahrscheinlich Augen, Nase und Mund aufsperren, wenn sie ihre lieben Juden sich einmal im Besitz der Macht betätigen sähen. Aber dann wäre es zu spät. Und deshalb ist es die Pflicht einer nationalen Führung, mit den ihr geeignet erscheinenden Mitteln dafür zu sorgen, daß dieser Zustand nie eintritt. Es gibt einen Unterschied zwischen Menschen und Menschen, genau wie es einen Unterschied zwischen Tieren und Tieren gibt. Wir kennen gute und böse Menschen, wie wir auch gute und böse Tiere kennen. Die Tatsache, daß der Jude noch unter uns lebt, ist kein Beweis dafür, daß er auch zu uns gehört, genau so wie der Floh ja auch nicht dadurch zum Haustier wird, daß er sich im Hause aufhält. Wenn Herr Bramsig oder Frau Knöterich beim Anblick einer alten Frau, die den Judenstern trägt, eine Regung von Mitleid empfinden, dann mögen sie gefälligst auch nicht vergessen, daß ein entfernter Neffe dieser alten Frau mit Namen Nathan Kaufman in New York sitzt und einen Plan vorbereitet hat, nach dem die deutsche Bevölkerung unter 60 Jahren sterilisiert werden soll, und daß der Sohn ihres entfernten Onkels als Kriegstreiber unter dem Namen Baruch oder Morgenthau oder Untermayer hinter Mr. Roosevelt steht, um ihn in den Krieg hineinzuhetzen, und daß, wenn das gelänge, unter Umständen ein braver aber unwissender USA.-Soldat den einzigen Sohn von Herrn Bramsig oder von Frau Knöterich totschießt, alles zur höheren Ehre des Judentums, zu dem auch diese alte Frau gehört, sie mag noch so zerbrechlich und mitleiderregend tun.

Wenn wir Deutschen überhaupt einen verhängnisvollen Fehler in unserem Nationalcharakter aufweisen, dann ist es der einer allzu großen Vergeßlichkeit. Dieser Fehler zeugt zwar für unsere menschliche Anständigkeit und Großzügigkeit, nicht immer aber für unsere politische Einsicht und Klugheit. Wir halten alle Menschen für so gutmütig, wie wir selber sind. Die Franzosen drohen uns im Winter 1939/40 die Zerstückelung des Reiches an und daß wir mit unseren Familien vor ihren dampfenden Feldküchen Schlange stehen müßten, um einen Schlag warmes Essen zu bekommen. Unsere Heere werfen Frankreich in sechs Wochen nieder, und dann sieht man die deutschen Soldaten an den Landstraßen Brot und Wurst an die hungernden französischen Frauen und Kinder und Benzin an die Pariser Flüchtlinge verteilen, damit sie möglichst schnell wieder in ihre Hauptstadt zurückkommen, um dort wenigstens zum Teil erneut ihre Hetze gegen das Reich entfalten zu können.

So sind wir Deutschen nun mal. Unsere Nationaltugend ist unser Nationalfehler. Wir möchten wohl alle nicht anders sein, und wo unsere weltbekannte Michelhaftigkeit keinen schweren Schaden anrichtet, sei auch nichts dagegen gesagt. Aber schon Klopstock hat uns den guten Rat gegeben, nicht allzu gerecht zu sein; unsere Feinde dächten nicht edel genug, zu sehen, wie schön unser Fehler sei.

Wenn irgendwohin, dann paßt dieses Wort auf unser Verhältnis den Juden gegenüber. Hier ist Nachgiebigkeit nicht nur Schwäche, sondern Pflichtvergessenheit und ein Verbrechen gegen die Staatssicherheit obendrein. Denn die Juden sehnen ja nur eine Möglichkeit herbei, um uns unsere Tölpelhaftigkeit mit Blut und Terror zu belohnen. Dazu darf es niemals kommen. Und eine der wirksamsten Maßnahmen dagegen ist eine unerbittliche, kalte Härte gegen die Verderber unseres Volkes, gegen die Anstifter dieses Krieges, gegen seine Nutznießer, wenn wir ihn verlören, und deshalb notwendigerweise auch gegen seine Opfer, wenn wir ihn gewinnen.

Darum sei es noch einmal zu allem Überfluß gesagt:

1. Die Juden sind unser Verderb. Sie haben diesen Krieg angezettelt und herbeigeführt. Sie wollen mit ihm das Deutsche Reich und unser Volk vernichten. Dieser Plan muß zuschanden gemacht werden.

2. Es gibt keinen Unterschied zwischen Juden und Juden. Jeder Jude ist ein geschworener Feind des deutschen Volkes. Wenn er seine Feindschaft gegen uns nicht zeigt, so nur aus Feigheit und Schlauheit, nicht aber, weil er sie nicht im Herzen trüge.

3. Jeder deutsche Soldat, der in diesem Kriege fällt, geht auf das Schuldkonto der Juden. Sie haben ihn auf dem Gewissen, und sie müssen deshalb auch dafür bezahlen.

4. Wenn einer den Judenstern trägt, so ist er damit als Volksfeind gekennzeichnet. Wer mit ihm noch privaten Umgang pflegt, gehört zu ihm und muß gleich wie ein Jude gewertet und behandelt werden. Er verdient die Verachtung des ganzen Volkes, das er in seiner schwersten Zeit feige und gemein im Stich läßt, um sich auf die Seite seiner Hasser zu stellen.

5. Die Juden genießen den Schutz des feindlichen Auslandes. Es bedarf keines weiteren Beweises für ihre verderbliche Rolle in unserem Volk.

6. Die Juden sind Sendboten des Feindes unter uns. Wer sich zu ihnen stellt, läuft im Kriege zum Feinde über.

7. Die Juden haben kein Recht, sich unter uns als gleichberechtigt aufzuspielen. Wo sie auf der Straße, in Schlangen vor den Läden, auf den Verkehrsmitteln das Wort ergreifen wollen, sind sie zum Schweigen zu veranlassen, nicht nur, weil sie grundsätzlich Unrecht haben, sondern weil sie Juden sind und keine Stimme in der Gemeinde besitzen.

8. Wenn die Juden Dir sentimental kommen, so wisse, daß das eine Spekulation auf Deine Vergeßlichkeit ist; zeige ihnen sofort, daß Du sie durchschaust, und strafe sie mit Verachtung.

9. Dem anständigen Feind gebührt nach der Niederlage unsere Großmut. Aber der Jude ist kein anständiger Feind, er tut nur so.

10. Die Juden sind schuld am Kriege. Sie erleiden durch die Behandlung, die wir ihnen angedeihen lassen, kein Unrecht. Sie haben sie mehr als verdient.

Mit ihnen endgültig fertig zu werden, ist Sache der Regierung. Keiner hat das Recht, auf eigene Faust zu handeln, aber jeder die Pflicht, die Maßnahmen des Staates gegen die Juden zu würdigen, sie jedermann gegenüber zu vertreten und sich durch keine Tricks und Winkelzüge der Juden in seiner klaren Erkenntnis über ihre Gefährlichkeit irremachen zu lassen.

Das verlangt die Sicherheit des Staates von uns allen.

www.ingramcontent.com/pod-product-compliance
Lightning Source LLC
La Vergne TN
LVHW010937110826
845149LV00013B/2638